À PROVA DE NOCAUTE

CB125039

CARO(A) LEITOR(A),
Queremos saber sua opinião
sobre nossos livros.
Após a leitura, siga-nos no
linkedin.com/company/editora-gente,
no TikTok **@editoragente**
e no Instagram **@editoragente**,
e visite-nos no site
www.editoragente.com.br.
Cadastre-se e contribua com
sugestões, críticas ou elogios.

EDUARDO GRIMALDI

À PROVA DE NOCAUTE

COMO CONSTRUIR EMPRESAS QUE RESISTEM E SE TORNAM MARCAS DESEJADAS

Gente editora

Diretora
Rosely Boschini

Diretora Editorial
Joyce Moysés

Editora
Natália Domene Alcaide

Assistente Editorial
Camila Gabarrão

Produção Gráfica
Leandro Kulaif

Preparação
Gabrielle Carvalho

Capa
Miriam Lerner

Projeto Gráfico
Márcia Matos
Gisele Baptista de Oliveira

Diagramação
Gisele Baptista de Oliveira

Revisão
Debora Capella
Flávio Alfonso Jr.

Impressão
Edições Loyola

Copyright © 2025 by Eduardo Grimaldi
Todos os direitos desta edição
são reservados à Editora Gente.
Rua Dep. Lacerda Franco, 300 – Pinheiros
São Paulo, SP– CEP 05418-000
Telefone: (11) 3670-2500
Site: www.editoragente.com.br
E-mail: gente@editoragente.com.br

Dados Internacionais de Catalogação na Publicação (CIP)
Angélica Ilacqua CRB-8/7057

Grimaldi, Eduardo
À prova de nocaute : como construir empresas que resistem e se tornam marcas desejadas / Eduardo Grimaldi. - São Paulo : Editora Gente, 2025.
160 p.

Bibliografia
ISBN 978-65-5544-614-2

1. Desenvolvimento profissional 2. Negócios 3. Sucesso nos negócios I. Título

25-3082 CDD 650.1

Índice para catálogo sistemático:
1. Desenvolvimento profissional

NOTA DA PUBLISHER

Após tantos anos acompanhando livros de negócios e desenvolvimento profissional, percebi que as maiores batalhas empresariais não ocorrem diante dos olhos do público, mas silenciosamente, na exaustão do empreendedor que vive sobrecarregado, na falta de controle que drena a energia e os recursos financeiros das empresas, na solidão de líderes que não encontram espaço para revelar suas fragilidades.

Quantas vezes, em conversas com autores e empresários, ouvi relatos de pessoas que criaram negócios promissores, mas que, no meio do caminho, perceberam-se presas às próprias empresas? Quantos empreendedores conheci que já não tinham mais tempo para si mesmos, para a família ou para os sonhos pessoais que os impulsionaram a começar sua jornada?

Eduardo Grimaldi é, sem dúvida, a pessoa mais indicada para tratar desse assunto. Mais do que um especialista, ele é um pioneiro nos negócios excepcionais e um vencedor incontestável no campo da superação. Sua trajetória única, do lutador experiente que transitou dos tatames e ringues para o empreendedorismo, conferiu a ele uma autoridade rara. Ele encarou os piores golpes e, com resiliência, deu a volta por cima, criando uma das marcas mais fortes e reconhecidas mundialmente no universo das lutas, a Naja Extreme.

Em *À prova de nocaute*, ele compartilha aprendizados reais, frutos de sua experiência, que permitirão a você entender claramente como fugir da armadilha da dependência do negócio, organizar o caos interno da empresa, retomar o controle do seu tempo e criar uma marca sólida e imbatível no mercado. Você aprenderá a gerar valor acima da média, transformar seu negócio em patrimônio e deixar um legado para além do lucro imediato.

Se você está cansado de lutar às cegas, sem conseguir prever o próximo golpe, ou se quer sair de uma posição vulnerável para ser aquele que domina a luta, este livro é a resposta definitiva que você precisava.

Boa leitura e bons negócios!

ROSELY BOSCHINI
CEO e Publisher da Editora Gente

O que para alguns é o fim,
para nós é apenas o começo.
Amo todos os lutadores.

AGRADECIMENTOS

Graças à importante contribuição da equipe do GHP e da habilidosa e grande em conhecimento, Cibele Costa, conseguimos escrever, em padrões elevados, um livro de gestão com uma linguagem simples e de fácil entendimento.

Agradeço à minha maravilhosa esposa, que esteve ao meu lado durante o desenvolvimento desta obra, a cada capítulo, sendo a minha crítica mais rigorosa, mas o meu maior apoio.

À minha mãe, que está vibrando com o filho "lutautor", e à memória do meu pai, que tenho certeza de que seria o primeiro a ter este livro na sua estante.

E a Deus, por ser a luz no meu caminho para que eu inspire outros a também seguir esses passos.

SUMÁRIO

APRESENTAÇÃO

A **o longo dos dias, enquanto eu escrevia este livro, mantive** a minha rotina diária de ir à academia treinar e me pegava pensando em como os empresários de sucesso se comportam. Após refletir um pouco, entendi que lutar contra o nocaute por meio da disciplina é um dos pontos em comum entre todos. Lembrei dos meus anos como empresário e de todos os desafios pelos quais passei e ainda tenho passado. Tenho a certeza de que a disciplina é o que me ajuda a superá-los.

Estou muito satisfeito com os ensinamentos e aprendizados que trago neste livro. E espero que você também possa aplicar essas lições na sua empresa, seja ela qual for.

Que essa leitura seja um divisor de águas na sua vida e que você passe de um bom empreendedor para um empresário *high performance*!

Eduardo Grimaldi

OS TRÊS NOCAUTES

Vivenciei três grandes nocautes na minha vida. Em dois deles, fui parar na Unidade de Terapia Intensiva (UTI), à beira da morte. O segundo me fez ficar dias trancado no banheiro, inerte e sem saber o que fazer. Mas, quando saí de lá, criei uma empresa sólida, que foi do lucro ao *equity* em pouco mais de uma década e fez o meu nome ser reconhecido no mundo inteiro.

A vida me ensinou na marra que o sucesso é uma luta. Nos esportes de combate, existe uma diferença entre o lutador comum e o campeão. O cara comum treina, entra no ringue e faz o que pode. Seu objetivo é não apanhar demais ou, para falar a verdade, não ser nocauteado – e embolsar a grana prometida por aquele combate.

O campeão, por outro lado, é aquele que vai além, que tem um instinto de sobrevivência misturado com uma mentalidade inabalável. Ele não entra para lutar, entra para vencer.

Nos negócios, acontece a mesma coisa. O mercado é uma espécie de ringue onde todos estão lutando por espaço, por atenção, por mercado. Alguns entram apenas para sobreviver. Outros, para dominar. E uma coisa eu já adianto aqui, caro leitor: se você quiser crescer, se quiser ser grande, não pode ser apenas mais um. Precisa ser **acima da média**.

Eu vivi isso na pele. Literalmente. Comecei minha vida nos tatames e nos ringues, aprendendo que não basta ser forte. É preciso ser inteligente, estratégico e resiliente. Passei décadas como lutador, treinando com os melhores e enfrentando desafios que a maioria jamais imaginaria suportar. Mas foi quando pendurei as minhas luvas que enfrentei meu maior desafio: o mundo dos negócios.

Saí dos ringues e entrei em outro campo de batalha, o empresarial. No começo, tomei porrada de tudo quanto é lado. Bati de porta em porta tentando vender minha marca, e todas elas iam se fechando, uma a uma, na minha cara. O mercado não estava pronto para mim, ou melhor, *eu não estava pronto para o mercado*. Eu era um lutador tentando jogar um jogo em que ninguém me via como competidor.

Mas eu aprendi que quando você não encontra um caminho, pode criar um.

A VIDA DE UM LUTADOR

O esporte se mistura à minha vida e aos meus negócios desde sempre. E é de lá que vem minha vontade de vencer em outros ringues e minha gana por sucesso.

Minha história começa nos tatames. Desde pequeno, eu sempre fui aquele menino inquieto, cheio de energia. Meus pais, como muitos naquela época, decidiram me colocar no judô quando eu tinha apenas 6 anos, enquanto minha irmã foi para o balé. Clássico! No meu caso, o que era para ser apenas um esporte no turno oposto da escola virou minha paixão, minha vida e, depois, minha carreira.

Nunca fui um garoto que ficava satisfeito em ser mediano. Se eu entrava em uma competição, era para vencer. Se treinava, era para me superar todos os dias. E essa mentalidade me levou a explorar várias artes marciais.

Ainda adolescente, conheci o jiu-jítsu por meio da lendária família Gracie, um nome que mudaria para sempre o mundo das lutas no Brasil e no mundo inteiro. No início, o jiu-jítsu ainda era um segredo guardado a sete chaves no Brasil. Uma prática restrita a alguns poucos. Mas, dentro daquelas academias, algo bem diferente estava nascendo, o popular "vale-tudo", precursor do MMA. E, claro, eu estava nesse movimento.

No vale-tudo, as lutas eram clandestinas, muitas vezes. A gente "brigava" nos bares, nas ruas, na praia. Arrumava encrenca com todo mundo para poder mostrar que o nosso esporte era melhor que os outros.

Depois, começaram os desafios entre as academias. Era tudo parte da cultura das artes marciais naqueles tempos. E eu vivenciei isso. Fui forjado no calor dessas batalhas, aprendi a cair e a levantar. Aprendi que a dor é temporária, mas a desistência é permanente.

Então, entre as brigas de rua e as lutas organizadas entre academias, começou a surgir a nova modalidade, chamada de MMA (em inglês, *mixed martial arts*). Foi criado o octógono, uma espécie de ringue com oito lados, e o esporte começou a fazer sucesso na televisão. Com a fama, foi criado o UFC (Ultimate Fighting Championship), e o sucesso do novo esporte passou a ser estrondoso.

Foi assim que o MMA entrou na minha vida e se tornou minha paixão. Vivi o esporte, o início do UFC e de seus líderes – como a família Gracie e Dana White, atual presidente do UFC. E foi assim até eu completar meus 30 e poucos anos, o ponto final na carreira da maior parte dos atletas.

OS DOIS PRIMEIROS NOCAUTES: ENTRE A VIDA E A MORTE

Minha jornada como lutador não foi só de vitórias. Um dos maiores golpes que levei não veio de um oponente, mas das consequências do próprio esporte. Aos vinte e poucos anos, durante um treino intenso, sofri uma fratura grave no nariz.

A princípio, parecia apenas mais uma lesão, dessas que qualquer lutador de alto rendimento aprende a ignorar. Mas a situação se agravou. Precisei passar por uma cirurgia complexa para reconstruir parte da face. O tempo de recuperação foi uma tortura para mim naquela ocasião. Eu nunca soube lidar com a inatividade, com a falta de movimento. Estar parado era pior do que qualquer soco que já tinha levado.

Foi nesse período que comecei a refletir sobre a brevidade da carreira de um atleta de alta performance. No mundo das lutas, ter três décadas de vida significa estar no fim da linha. Eu precisava pensar no futuro. "O que vou fazer depois? Como vou me reinventar fora das lutas?" Essas perguntas começaram a martelar minha cabeça.

Dez anos depois, aos meus 40 e poucos, fui golpeado novamente, mas dessa vez pela própria vida. Depois de anos de treinos intensos, lesões acumuladas e uso excessivo de anabolizantes (confesso!) para manter meu alto desempenho, meu corpo começou a falhar. Nessa época eu já era empresário, e o fator estresse também contribuiu muito. Tive uma séria complicação de saúde que levou a uma cirurgia de emergência. Mais uma vez, eu me vi na UTI por vários dias, encarando de perto minha própria vida.

Para um lutador, admitir fraqueza é um tabu. Mas, naquele momento, percebi que a força de verdade está não apenas em resistir, mas também em se adaptar.

O TERCEIRO NOCAUTE: DERROTADO COMO EMPRESÁRIO

Se você perguntar para qualquer empreendedor qual foi o seu pior dia, a resposta raramente será uma crise econômica ou a concorrência. O pior dia é aquele em que você descobre que tudo o que construiu pode ser irrelevante. E eu vivi esse dia.

Em 2009, a marca que eu criei, a Naja Extreme, uma empresa especializada em produtos para artes marciais, ainda estava engatinhando. Eu havia investido tudo nela, acreditando que o Brasil estava pronto para consumir produtos voltados para o MMA. Mas, quando tentei vender para os grandes varejistas, fui rejeitado por todos.

Eu nunca fui acostumado a entrar para perder. Quando eu entro em um ringue com outro lutador preparado para me bater, só há uma opção: eu vou sair de pé, e o outro vai sair deitado. Esse é o meu pensamento e, claro, o do meu oponente também!

Então, não existe plano B, não há espaço para erro. Não existe assimilar a derrota, porque a derrota significa que você foi nocauteado, *você* está deitado no chão, *você* vai acordar com o gosto da derrota.

Por isso, o meu ritmo de vida desde menino é muito agressivo, no sentido de ser ambicioso. Foi com essa mentalidade que fundei a empresa. Com pouco dinheiro no bolso e uma missão clara: fazer dela a maior marca de artigos de luta do mundo e ser a primeira na mente e no coração dos lutadores.

Então, o nocaute veio quando chamei o responsável pelo setor de compras de uma grande empresa varejista de esportes para almoçar e perguntei a ele porque sempre me atendia muito educadamente todas as vezes, mas nunca comprava os meus produtos. E ele me respondeu:

— O seu mercado não existe no Brasil. MMA? O brasileiro nem sabe o que é isso. Não tem demanda. Para piorar, as notícias sobre esse esporte dizem que ele é extremamente violento, que os atletas são os *bad boys* de orelha estourada. Não tenho como colocar na minha loja uma categoria de produtos que não vai vender.

Era verdade. O esporte que nascera aqui, nas brigas de rua e nos desafios entre academias, tinha ganhado "cidadania norte-americana" e se esquecido de sua origem. E a fama não era boa.

Aquilo soou para mim como um nocaute. Voltei para casa derrotado, pensando que tinha apostado tudo no lugar errado, todas as fichas em um mercado que não existia.

Fiquei uns dez dias digerindo essa derrota, com aquelas palavras martelando minha cabeça. Foi quando me levantei e disse a mim mesmo: se não existe esse mercado, eu vou criar.

Foi assim que mudei de tática: ajudei a difundir o MMA na televisão brasileira, fiz parte de um dos maiores programas de luta do país e transformei o MMA em febre nacional. Nesse momento da minha vida, passei a apresentar o primeiro programa do UFC em TV aberta: *UFC Sem Limites*, na RedeTV.

ACIMA DA MÉDIA

Quando você deixa de acreditar que a derrota é o fim, você não só sobrevive, mas também cresce, fica gigante, torna-se imbatível. A maior qualidade de um empresário ou de um grande atleta não é o desempenho técnico apenas, mas a capacidade de se levantar a cada vez que cair. Nas lutas, existe um ditado – popularizado pela franquia *Rocky, um Lutador* – que diz: "Não importa o quanto você sabe bater, mas o quanto você aguenta apanhar".

Depois que entendi o que eu precisava fazer, passei a bater em outras portas: as das emissoras de televisão. A Rede TV me concedeu o primeiro espaço, e assim nasceu o programa *UFC Sem Limites*. O cenário simulava um octógono, no qual imagens dos lutadores eram projetadas em 3D e tamanho natural. Além disso, exibia vídeos gravados de lutas norte-americanas.

O sucesso do programa foi total, e o mercado brasileiro passou a conhecer o MMA. Isso fez a Naja expandir e, finalmente, ter seus produtos comprados pelos grandes varejistas e e-commerces do país. Após dois anos, o programa migrou para a Rede Globo, e a marca finalmente explodiu em vendas e em participação de mercado, a ponto de desbancar a principal concorrente norte-americana, que já tinha um século de existência.

A essa altura, o negócio já era uma marca forte, consolidada e líder com presença em sete países. Os clientes já não eram apenas compradores, eram fãs absolutos da marca, a ponto de muitos tatuarem o logotipo em seus corpos.

Nesse caminho, destronei gigantes, liderei um movimento que transformou o mercado de lutas no Brasil e, em quinze anos, tornei a Naja uma das maiores marcas do mundo no segmento. Alcancei algo que poucos brasileiros conseguiram: fiz uma marca sair do zero e transformei o lucro em *equity*, ou seja, atraí investimentos, fazendo com que suor e disciplina virassem paixão nacional.

O MAPA DA VIRADA

Se existe uma coisa que aprendi com todos os anos de luta, tanto nos tatames quanto nos negócios, é que ninguém vence no improviso. Campeão de verdade estuda o adversário, mapeia os golpes, conhece seus próprios pontos fracos e traça uma estratégia clara de onde está e para onde quer ir. E no jogo empresarial é a mesma coisa.

Foi por isso que eu criei uma metodologia simples, mas poderosa, baseada na minha própria trajetória e na de dezenas de empresários que acompanho de perto. Uma jornada com quatro estágios que toda empresa precisa atravessar se quiser deixar de viver do lucro imediato e começar a construir valor de verdade.

Esses quatro estágios são: **Eu**, **Eu-Marca**, **Marca-Eu** e, finalmente, **Marca**. Cada um representa um momento distinto do negócio, com dores específicas, decisões difíceis e conquistas que mudam tudo.

★ ★ ★

TANTO NOS TATAMES
QUANTO NOS NEGÓCIOS,
NINGUÉM VENCE
NO IMPROVISO.

★ ★

À PROVA DE NOCAUTE
@EDU_GRIMALDI

No estágio **Eu**, a empresa é você. Tudo depende do seu suor, do seu nome, da sua presença. É o início da jornada, onde muitos ainda estão.

No estágio **Eu-Marca**, a empresa começa a ganhar identidade. As pessoas já conhecem o nome da marca, não apenas o seu. Mas ainda é você que segura tudo nas costas.

No estágio **Marca-Eu**, a marca já tem vida própria. Ela vende sem você, é reconhecida no mercado, gera desejo. E você começa a sair do centro do ringue.

No estágio **Marca**, o negócio vira patrimônio. Ele cresce, se comunica e se posiciona com força, mesmo quando você está longe. A empresa se torna um ativo valioso, que pode ser perpetuado, vendido ou escalado com inteligência.

Mas não se preocupe: eu não vou jogar tudo isso aqui de uma vez. Nos próximos capítulos, vamos mergulhar em cada estágio. Vamos falar de armadilhas, de erros que quase me derrubaram e de escolhas que fizeram minha marca chegar ao pódio.

O que você vai encontrar neste livro não é um mapa genérico feito por teóricos. É um plano de batalha real, testado em campo, no calor das decisões difíceis e nas noites sem sono de quem carrega um CNPJ no peito.

JOGUE FORA O VELHO MANUAL

A verdade é que, para construir um negócio indestrutível, é preciso jogar fora o manual tradicional. Os grandes campeões dos negócios não são os que seguem as regras, mas os que escrevem as próprias leis. Este livro é um guia para isso.

Se você é um executivo, dono de empresa ou empreendedor que quer sair da mediocridade e construir um império, eu vou lhe mostrar o caminho. Mas aviso de antemão: não existe fórmula mágica. Há trabalho, estratégia, resiliência e disciplina – os mesmos ingredientes que fazem um lutador ser campeão também constroem um negócio acima da média.

O problema é que a maioria dos empresários estão lutando de olhos vendados. Passam a vida correndo atrás do faturamento, sem tempo para a família, sem tempo para si mesmos, sentindo-se escravos do próprio negócio. Muitos até geram lucro, mas o dinheiro evapora na operação. E o pior, não têm com quem compartilhar as angústias, porque admitir fraqueza no mundo empresarial é o mesmo que baixar a guarda no ringue.

Assim, vou iniciar essa jornada mostrando a você, no primeiro capítulo, os maiores erros que fazem com que muitos donos de empresas sejam prisioneiros do próprio sucesso. E, mais importante, ao longo das próximas páginas vou compartilhar como você pode sair dessa armadilha e se tornar um **valentão nos negócios**, com uma marca **à prova de nocaute**.

Vamos juntos.

Se você quiser lutar para vencer, este livro é para você.

1.

LUTANDO COM AS MÃOS AMARRADAS

O pesadelo de qualquer atleta dos ringues é não poder se defender dos golpes e, assim, perder a luta. Nos negócios, o que tira o sono do empresário é não saber de onde vai vir a próxima pancada, principalmente quando se está com as mãos amarradas, sem ao menos poder se proteger.

Imagine o seguinte cenário: você se torna empreendedor porque tem sede de vitória, mas, pouco tempo depois, percebe que não é verdadeiramente o dono da empresa – é, muitas vezes, o funcionário mais mal pago dela. É o primeiro a chegar, o último a sair, a pessoa que resolve tudo, de quem todos esperam a palavra final até para compras simples. Enfim, é a pessoa que dorme e acorda com a cabeça a mil. Seu primeiro pensamento do dia é a empresa e, adivinha, o último também!

É isso que eu vejo todo santo dia: empresários que viram prisioneiros do próprio negócio, mesmo acreditando que estão fazendo tudo certo.

Eles criam a empresa sonhando com a liberdade, mas acabam trancados em uma jaula invisível. Alguns vendem bem, mas não sabem onde o dinheiro foi parar. Trabalham feito loucos para alcançar resultados, mas não têm tempo para viver a vida. E, mesmo rodeados de gente, vivem na solidão, porque no mundo dos negócios, mostrar fraqueza é baixar a guarda.

Esses são os quatro golpes mais duros que nocauteiam os empresários brasileiros. Vamos passar por eles um a um. O primeiro – e mais perigoso – é justamente o cativeiro moderno, uma espécie de dependência invisível e autoimposta. A partir dele, vêm os outros três: a falta de tempo, a falta de gestão e a solidão.

Se você já se sentiu sobrecarregado, perdido ou sozinho nessa jornada, este capítulo é para você. E, se ainda não se sentiu, é bom se preparar. Porque o mercado não perdoa quem entra no ringue sem estratégia.

QUANDO O SONHO VIRA CELA

Quando eu decidi começar a empreender, imaginei que teria total liberdade para fazer o que eu quisesse. Acreditava que teria mais tempo para mim, para minha família, para cuidar do que importava. Pensei que, como dono do meu próprio negócio, poderia fazer tudo do meu jeito, no meu ritmo acelerado, como sempre aconteceu comigo. Só que não demorou muito para perceber que, na prática, a história era outra.

O que era para ser uma conquista, por algum tempo virou uma prisão. E eu virei prisioneiro da empresa que eu mesmo criei.

Só que essa história não é só minha. É a realidade de nove entre dez empresários que eu conheço. Gente que entra nos negócios achando que vai dominar o jogo, mas acaba atingido de todos os lados, sem nem saber de onde estão vindo os socos.

Passei por momentos em que, olhando para trás, faria tudo muito diferente. Um deles, que deveria ser inesquecível, cheio de risadas e memórias felizes, se transformou em mais uma semana de trabalho ininterrupto, só que a distância. Quando minha filha tinha 6 anos, eu a levei para a Disney. Era a viagem dos sonhos para a nossa família – ou, ao menos, deveria ser! Mas, enquanto minha filha conhecia os brinquedos e passeava pelos parques, a minha atenção estava no celular, respondendo e-mails, resolvendo problemas e garantindo que a operação da minha empresa continuasse rodando.

O meu notebook era a minha companhia constante e diária, e cada notificação tirava um pedaço da experiência que eu deveria estar vivendo com a minha família. A falta de gestores para comandar a parte operacional me deixou anos preso no dia a dia da empresa, impedindo que eu assumisse um papel mais estratégico e, principalmente, desfrutasse da vida que eu estava construindo.

Sempre tive um tino forte para a área de vendas e marketing. Desde moleque, sempre fui bom de lábia, bom de estratégia, muito criativo na hora de vender as minhas ideias e, depois, os meus produtos. Mas eu era péssimo em finanças e operações. Péssimo mesmo. Nunca tive formação nessa área, ninguém nunca me ensinou como cuidar de um caixa ou estruturar uma produção.

E o que aconteceu?

Eu fiz a Naja vender muito. Mas quando olhava para o caixa... cadê o dinheiro? Tinha sumido. Eu pagava os boletos e não tinha nem ideia do que era controle de margem. Queria vender, vender, vender cada vez mais, e ignorava que existia um preço mínimo que eu deveria praticar, caso contrário estaria colocando a operação em risco. Eu só queria fechar os pedidos de qualquer jeito. E o preço que paguei, no fim das contas, foi o desfalque no meu próprio caixa. Virei um vendedor de alto desempenho com um ralo aberto no chão da empresa. O dinheiro entrava e desaparecia.

E não para por aí. Quando resolvi montar a fábrica de costura dos meus produtos, cometi um dos maiores erros operacionais que poderia cometer. Em vez de alugar um galpão, decidi alugar o primeiro andar de um prédio. Conforme a empresa foi crescendo, em vez de sair dali e buscar um novo espaço horizontal para facilitar a produção, fui alugando os andares superiores até ficar com o prédio inteiro de quatro andares.

Coloquei a mesa de corte, onde tudo começa em uma confecção, no último andar. Resultado? Os funcionários tinham de subir as bobinas pesadas, de mais de 50 quilos, nas costas, pelas escadas. Lá em cima, cortavam o tecido. Depois desciam com as peças para costurar, e desciam de novo para o acabamento, depois mais uma vez para embalar. Era um sobe e desce insano. Um fluxo de produção vertical, totalmente ineficiente.

Hoje sei que foi muito difícil para meus colaboradores. Era, de fato, muito mal pensado aquele esquema. E eu só percebi quando ele já estava em funcionamento, em um ponto em que era muito difícil mudar a operação. Para facilitar e evitar tantas descidas e subidas, cheguei a construir uma cozinha no último andar, só para que o pessoal evitasse a escada mais uma vez.

Naquela época, isso tudo custava muito caro. Eu precisava que quatro pessoas subissem e fizessem o trabalho que demandaria apenas um colaborador em um galpão bem-estruturado. Em vez de quatro funcionários, eu poderia ter apenas um descarregando o caminhão se a operação fosse horizontal. Imagine a ineficiência disso! E quem pagava a conta era eu mesmo, porque tudo isso entrava no custo do produto. Eu mesmo criei a armadilha que drenava o lucro da minha empresa.

Existem quatro grandes pilares essenciais em um negócio: vendas, marketing, finanças e operações. Normalmente, o empresário é bom em um ou dois. Então, ele acaba compensando o que não sabe com aquilo sobre o qual tem conhecimento ou domínio. Se é bom em vendas e marketing, que era o meu caso, vende horrores, mas não sabe gerir o dinheiro que entra. Se é bom em finanças, sabe controlar bem os gastos e investir o lucro, mas sofre porque o dinheiro entra menos do que deveria. Se é bom em operações, mas não entende de finanças ou marketing, deixa essas áreas desguarnecidas.

E isso acontece porque, no começo, ele quer dar conta de tudo. Tem medo de delegar, de contratar gente melhor que ele nas áreas em que é deficiente. Então, resolve adquirir o conhecimento que falta, mas fica sobrecarregado.

Isso tudo deixa buracos gigantes abertos na retaguarda. Foi o que aconteceu comigo. Enquanto a marca crescia na frente, por trás o dinheiro sumia.

Com isso, aos poucos fui virando mais um funcionário da minha própria empresa. Aliás, nem funcionário era. Fui virando o faz-tudo. O que carrega o mundo nas costas e ainda tem que sorrir para os compradores. Eu dormia e acordava pensando na empresa.

E o mais triste é que, do lado de fora, parecia que eu estava vencendo. A marca bombando, as vendas crescendo..., só que, por dentro, eu estava sendo nocauteado.

Esse é o primeiro problema que abate a maioria dos empresários: a dependência camuflada de empreendedorismo. Você entra no jogo para ser campeão e, quando vê, está no chão, apanhando, sem conseguir levantar.

Mas o buraco é ainda mais fundo. Porque quando você vira prisioneiro do negócio, a próxima coisa que escapa das suas mãos é o tempo. E aí, meu amigo, o cronômetro começa a jogar contra.

SEM TEMPO ATÉ PARA RESPIRAR DIREITO

Quando um empresário começa um negócio, acredita – na verdade, espera – que em até noventa dias o caixa já comece a rodar. E eu não falo isso baseado em suposições. Eu falo porque vivi isso, pensei assim, e vejo isso acontecendo com os empreendedores que me procuram.

ESSE É O PRIMEIRO PROBLEMA QUE ABATE A MAIORIA DOS EMPRESÁRIOS: A DEPENDÊNCIA CAMUFLADA DE EMPREENDEDORISMO.

À PROVA DE NOCAUTE
@EDU_GRIMALDI

A cabeça do empresário iniciante funciona mais ou menos assim: "Se eu me dedicar bastante agora, em três meses começo a tirar um dinheirinho". Só que esse pensamento tem uma armadilha embutida, e se o empresário não perceber a tempo, ela vai sugar toda a energia, a saúde e o equilíbrio que ele tem.

Nos primeiros noventa dias, ele dá conta do recado, porque ainda está movido pela empolgação. Mas aí o tempo passa. E como começou a empreender por um sonho de liberdade, mas acima de tudo, por necessidade (pois essa é a realidade da maior parte dos brasileiros), ele não sabe que três meses é muito pouco tempo para consolidar um negócio de verdade.

Como também ele só entende de uma ou duas áreas essenciais do negócio, os outros setores começam a desmoronar com a empolgação inicial, que vai indo embora. O financeiro vira um buraco negro. A operação vira um caos. O controle de estoque ou as entregas começam a falhar. E os problemas aparecem sempre nos setores em que o empresário tem menos habilidade.

Por ele estar na "prisão" do próprio negócio, precisa fazer de tudo um pouco. E aí o tempo desaparece. Some. Evapora. Ele entra em um modo de sobrevivência no qual tudo é urgente, e nada é estratégico. Começa a viver apagando incêndios. Acorda com pendências, almoça com boleto vencido, dorme pensando no que não conseguiu resolver naquele dia. Não dorme direito. E no outro dia, esse ciclo recomeça.

Essa falta de tempo não é só a agenda lotada. É um sintoma profundo de desorganização, de desequilíbrio, de ausência de estrutura.

Segundo estudo do DataSebrae,[1] 68% dos donos de micro e pequenas empresas no Brasil trabalham mais de dez horas por dia, e 54% não conseguem sequer tirar um final de semana completo de descanso. Ou seja, o empresário brasileiro está, literalmente, colocando a própria vida no modo automático. E ninguém aguenta isso por muito tempo.

---

[1] DIAS, M. C. Empreendedores trabalham mais conforme empresas crescem: vale a pena? **Exame**, 14 abr. 2022. Disponível em: https://exame.com/revista-exame/tempo-gasto-meio-que-trabalhando. Acesso em: 27 maio 2025.

Com o tempo sumindo, ele começa a perder o que tem de mais valioso:

- **Perde o sono**. Dorme mal, com a cabeça cheia. Acorda cansado e já entra no dia devendo energia.
- **Perde o foco**. Fica pulando de tarefa em tarefa, sem conseguir concluir nada direito.
- **Perde o autocuidado**. Não treina, não se alimenta bem, não cuida do corpo.
- **Perde os relacionamentos**. Deixa de ver os filhos, de conversar com o parceiro, de viver a própria casa.
- **Perde o prazer**. Aquele entusiasmo do começo vai embora. Ele segue no automático, empurrando o negócio com a barriga, torcendo para não cair.

Sabe o que é mais perverso nisso tudo? É que, aos olhos de quem vê de fora, ele está "indo bem". Tem empresa, tem movimento, está "na luta". Mas, por dentro, esse cara está exausto. E sozinho.

A falta de tempo, na prática, vira um modo de vida. Um fracasso disfarçado de sucesso. E o mais perigoso é que essa falta de tempo afeta o negócio. Porque um empresário exausto toma decisões ruins. Delega mal; se comunica pior ainda. Vira um gargalo dentro da própria empresa. E, com o tempo, ela deixa de crescer porque o dono virou o maior obstáculo.

É preciso entender isto de uma vez por todas: quem não cuida do próprio tempo está cavando a própria falência. Primeiro a emocional. Depois a financeira.

Se você sente que não tem tempo para nada, o problema não é a falta de tempo. É a falta de estrutura. É a falta de uma gestão que funcione sem depender de você para tudo. Porque se a empresa só anda quando você está por perto, então você não tem uma empresa. Você tem uma algema com CNPJ.

E isso, meu amigo, vai cobrar um preço alto muito em breve.

SEM GESTÃO, SEM DIREÇÃO

Depois que o tempo desaparece, vem o efeito colateral mais perigoso de todos, que é a falta de gestão. Estou falando de uma coisa séria aqui. Porque a ausência de gestão não significa que o empresário é desorganizado. Significa que ele vive apagando incêndio em vez de se dedicar a construir uma estratégia. Que ele opera no caos e chama isso de rotina.

No meu caso, durante muito tempo, a gestão da empresa era eu. Tudo dependia de mim. Eu centralizava tudo. Respondia cliente, aprovava compra, coordenava produção, negociava com fornecedor, cuidava do marketing, conferia estoque. No fim das contas, eu era o gargalo de tudo. E o pior: achava que isso era ser um bom líder. Mas eu não liderava. Eu sobrevivia.

Essa é a realidade de muita gente. De acordo com o estudo *Causa mortis*, do Sebrae,[2] a falta de gestão é uma das três principais causas de mortalidade das empresas no Brasil, juntamente com a falta de planejamento prévio e o comportamento do empreendedor. Outro estudo mostra que cerca de 29% dos negócios fecham por má gestão administrativa e financeira.[3]

Ou seja, não é a concorrência que derruba a maioria das empresas. É o próprio dono.

A falta de gestão começa pequena: um pedido que atrasa, um caixa que não fecha, um cliente que some. Mas logo vira uma bola de neve. Você não tem planejamento, não tem metas, não tem processos definidos, não mede indicadores. E aí, como você sabe se está crescendo ou só se iludindo com o movimento?

Quando a empresa depende do dono para tudo, o crescimento trava. Porque o dono vira o limite do crescimento. Se ele não estiver bem, a empresa afunda. Se ele quiser tirar férias (o que quase nunca acontece), tudo para. É como um lutador que entra no octógono sozinho, contra quatro adversários ao mesmo tempo. Não dá. Você vai cair.

---

[2] SEBRAE-SP. **Causa mortis**: o sucesso e o fracasso das empresas nos primeiros cinco anos de vida. São Paulo: Sebrae-SP, 2014. Disponível em: https://sebrae.com.br/Sebrae/Portal%20Sebrae/UFs/SP/Anexos/causa_mortis_2014.pdf. Acesso em: 27 maio 2025.

[3] A TAXA de sobrevivência das empresas no Brasil. **Sebrae**, 2021. Disponível em: https://sebrae.com.br/sites/PortalSebrae/artigos/a-taxa-de-sobrevivencia-das-empresas-no-brasil,d5147a3a415f5810VgnVCM1000001b00320aRCRD. Acesso em: 27 maio 2025.

E o pior: sem gestão, a empresa começa a sangrar por dentro. Gasta mal, contrata errado, precifica errado, não sabe de onde vem o prejuízo. É como lutar com os olhos vendados: você apanha sem nem saber de que lado veio o soco.

E não pense que isso acontece só com pequenos negócios. Até gigantes tombam quando a gestão falha.

A Varig, por exemplo, foi por décadas a maior companhia aérea do Brasil. Uma referência. Uma marca admirada no mundo inteiro. Mas começou a perder altitude em virtude de má gestão, decisões equivocadas, falta de inovação e endividamento mal-administrado. Tentou resistir, mas caiu. Faliu oficialmente em 2006, deixando milhares de funcionários e clientes na pista.

O Mappin é outro exemplo que ainda mora na memória de muita gente da minha geração. Era uma das maiores redes de lojas de departamento do Brasil. Dominava São Paulo. Mas não conseguiu se modernizar, perdeu o timing da mudança do varejo, fez péssimas escolhas de expansão e se afundou em dívidas. Resultado? Faliu nos anos 1990. Sumiu para sempre.

Essas histórias mostram algo que eu aprendi no campo de batalha: empresa nenhuma quebra por causa de uma única coisa. Ela quebra por acúmulo de decisões ruins. E a mais letal de todas é a má gestão, porque ela atinge tudo ao mesmo tempo: o caixa, a equipe, o clima interno, a reputação, o cliente. A falta de gestão vira um veneno que vai matando a empresa aos poucos, e muita gente só percebe quando o negócio já está na UTI.

E, no fundo, a falta de gestão é como uma falência invisível. Porque o dono ainda acha que está no comando quando, na verdade, já perdeu o controle faz tempo.

Se você sente que precisa decidir tudo, aprovar tudo, resolver tudo, é porque ainda não tem uma empresa. Tem um emprego com crachá invisível. E o seu próprio nome está estampado nele!

Mas há um golpe ainda mais duro do que esse. E é aquele do qual quase ninguém fala. O golpe do silêncio. Porque quando a gestão desmorona e o tempo some, o que sobra é a solidão.

NÃO É A CONCORRÊNCIA
QUE DERRUBA A MAIORIA
DAS EMPRESAS.
É O PRÓPRIO DONO.

À PROVA DE NOCAUTE
@EDU_GRIMALDI

O SILÊNCIO DO RINGUE

Essa é a parte que ninguém conta. A mais silenciosa, mas talvez a mais perigosa de todas. Quando a falta de gestão já engoliu a operação e o tempo desapareceu, sobra o quê? Você. Sozinho. Carregando nas costas uma empresa inteira, sem poder nem dizer que está cansado.

A solidão do empresário não acontece de uma vez. Ela vem devagar, sorrateira, sem fazer barulho. No começo, é só uma sensação de que ninguém entende pelo que você está passando. Depois, vira um distanciamento real. Você se afasta dos amigos, da família, das conversas fora do trabalho. Porque sua cabeça está 100% ocupada com boletos, entregas, prazos, contratações, crises.

Mesmo quando você está com alguém, ainda se sente sozinho, pois não dá para desabafar. Não dá para falar que está difícil. Mostrar fraqueza, nesse jogo, parece uma forma de perder autoridade.

Tem gente que se fecha totalmente, com vergonha de dividir as preocupações com outras pessoas. Acha que, se contar pelo que está passando, está fracassando. Então, se alguém pergunta como está o negócio, diz: "Estou voando, muito bem, vendendo horrores". Às vezes, até compra um carro novo, só para manter a aparência. Mas, por dentro, está no limite.

Essa é a dinâmica que aprisiona milhares de empreendedores todos os dias. A cobrança pela performance, somada ao isolamento emocional, cria um ambiente tóxico, em que o empresário não tem com quem dividir o peso que carrega.

E isso não é exagero meu. A solidão do empreendedor já é tema de estudo acadêmico em universidades como Harvard, Stanford e MIT. Um artigo publicado pela *Harvard Business Review*, citado pela revista *Exame*, mostrou que mais de 50% dos CEOs relatam se sentirem solitários na própria posição.[4]

---

[4] GOMES, T. O dilema do empreendedor solitário. **Exame**, 21 jul. 2023. Disponível em: https://exame.com/colunistas/tallis-gomes/o-dilema-do-empreendedor-solitario. Acesso em: 27 maio 2025.

O pior é que a maior parte dessas pessoas não sabe que está mal, e as que sabem não falam sobre o assunto. Sam Altman, cofundador e CEO da OpenAI, disse em entrevista o seguinte:

> *"Há uma enorme pressão, como fundador, para nunca mostrar fraqueza e para ser o líder em todas as situações internas e externas. O mundo pode estar desmoronando ao seu redor – e na maioria das vezes, quando você administra uma empresa, está mesmo – e você precisa ser forte, confiante e otimista. Falhar é aterrorizante.* [...] *A maioria dos fundadores que conheço passaram por períodos muito ruins, e geralmente parecia que não havia ninguém a quem eles pudessem recorrer".*[5]

Talvez esse seja o seu caso e você até pense que isso é normal. Que se sentir sozinho é parte do processo. Mas, um dia, percebe que não é, e o peso de toneladas de problemas cai sobre você mesmo.

No Brasil, o portal *MeuSucesso.com* também já trouxe à tona essa discussão, mostrando que a maioria dos empresários sentem dificuldade em compartilhar as angústias, por medo de parecerem fracos ou incompetentes.[6] O artigo aponta que a solidão pode acarretar perda de clareza nas decisões, queda de produtividade, aumento da ansiedade e até burnout. O problema é sério.

E os sintomas estão por toda parte: cansaço constante, irritabilidade, sensação de que ninguém entende você, de que você está cercado de gente,

---

[5] Tradução livre. Original: *"There is a huge amount of pressure as a founder to never show weakness and to be the cheerleader in all internal and external situations. The world can be falling down around you—and most of the time when you're running a company, it is—and you have to be the strong, confident, and optimistic. Failing is terrifying. (...) Most of the founders I know have had seriously dark times, and usually felt like there was no one they could turn to"*. ALTMAN, S. Founder Depression. **Sam Altman**, 13 jun. 2014. Blogue. Disponível em: https://blog.samaltman.com/founder-depression. Acesso em: 27 maio 2025.

[6] COMO lidar com a solidão ao empreender? **MeuSucesso.com**, 4 jun. 2024. Disponível em: https://meusucesso.com/noticias/solidao-ao-empreender-como-lidar-com-ela-10656. Acesso em: 27 maio 2025.

mas ainda assim se sente só. A mente não desliga. A energia nunca é suficiente. A alegria do começo vai embora. E tudo vira obrigação.

Você começa a abandonar sua vida. Primeiro, para de treinar. Depois, para de sair. Depois, para de se conectar com a própria família. Para de namorar. Vai ficando cada vez mais dentro da empresa e cada vez mais fora de si.

Chega um ponto em que o empresário não sabe mais se é o dono da empresa ou se a empresa é dona dele. Ele não vê mais saída, não vê mais perspectiva. E o que era para ser um projeto de liberdade se transforma em uma prisão emocional.

A solidão, no fim das contas, não é ausência de pessoas. É ausência de apoio. É quando você percebe que não pode baixar a guarda nem por um segundo, porque, se fizer isso, tudo desmorona.

Mas eu lhe digo uma coisa: esse silêncio não precisa ser eterno. Existe vida fora da empresa. Existe estratégia fora do caos. Existe liberdade fora da escravidão. Mas, para chegar lá, o primeiro passo é reconhecer o que está acontecendo. Admitir que a armadura pesa. E que até o mais forte dos lutadores precisa de suporte.

Porque ninguém vence um campeonato sozinho. Nem no tatame, nem no mercado.

O INIMIGO INVISÍVEL

Ser empresário no Brasil é como entrar em um octógono invisível, no qual os golpes não vêm só do adversário, mas também, e principalmente, de si mesmo. O que quebra a maioria dos donos de negócio não é o mercado. É a sobrecarga. É a falta de tempo. É a ausência de gestão. É a solidão.

O problema é que pouca gente fala sobre isso.

Todo mundo aplaude o empresário que nunca para, que trabalha catorze horas por dia, que resolve tudo sozinho. Mas ninguém vê o preço que ele paga por trás dessa performance. Ninguém vê o corpo que adoece, o casamento que esfria, o filho que cresce longe, a saúde mental que vai embora aos poucos. Ninguém vê a alma cansada daquele ser humano.

Eu vi.

NINGUÉM VENCE UM CAMPEONATO SOZINHO. NEM NO TATAME, NEM NO MERCADO.

À PROVA DE NOCAUTE
@EDU_GRIMALDI

Vi no espelho. Vi em outros empresários. Vi em gigantes que desmoronaram por dentro antes de quebrarem por fora.

A verdade é uma só: se você não estiver bem, sua empresa também não estará. O negócio é a extensão do dono. E quando o dono vive no limite, o negócio vira uma bomba-relógio. Você pode até achar que está no controle, mas é só questão de tempo até a estrutura ruir.

Essa é a parte mais difícil de admitir, a de que o inimigo pode estar dentro da sua própria rotina. Que a luta mais importante da sua jornada talvez não seja contra o concorrente, mas contra a forma como você está escolhendo viver e gerir o que construiu.

Por mais duro que seja ler isso, sei que é também libertador, pois, quando você entende o que está acontecendo, pode começar a reagir. E é isso que separa o lutador comum do campeão: o lutador comum só tenta resistir. O campeão muda de estratégia.

No próximo capítulo, vou abrir o jogo e mostrar quais são as verdadeiras causas por trás de todos esses problemas. E adianto: elas não estão na economia, nem no governo, nem no mercado.

2.

AS CAUSAS INVISÍVEIS DOS GOLPES NO EMPREEN-DEDORISMO

Eu tenho um amigo que, ainda jovem, construiu uma carreira brilhante no mundo corporativo. Subiu rápido nas empresas em que trabalhou, tornou-se um executivo respeitado, tinha uma formação de ponta, era admirado no mercado e colecionava conquistas. Quando decidiu empreender, parecia ter tudo para dar certo: inteligência, experiência, capital e disposição.

Mas a história não foi como ele imaginava.

Em pouco tempo, passou de profissional respeitado a dono de negócio endividado. A ideia de seu empreendimento era criar um *hub* para comprar empresas que passavam por dificuldades, resolver esses problemas para elas voltarem a ser competitivas e, depois, vendê-las. E ele fez isso: comprou alguns negócios, tentou reerguê-los, fez o que podia e o que sabia, mas acabou acumulando prejuízos. Saiu dessa história machucado, emocionalmente drenado, com um peso enorme nas costas, dívidas e frustração.

É difícil saber exatamente o motivo pelo qual a empresa desse meu amigo não deu certo, apesar de toda a capacidade técnica dele, porém existem algumas pistas. Uma delas é que ter sucesso como empresário é bem diferente de ser bem-sucedido como profissional, trabalhando em uma empresa. São competências e habilidades diferentes, mas o mercado não deixa isso claro. Na verdade, ninguém fala sobre isso.

Contei esse caso para que você se olhe no espelho e se pergunte se tem perfil empresarial ou executivo. No caso do meu amigo, ficou claro que o perfil dele se encaixava na segunda opção, e isso se comprovou mais tarde, quando ele voltou para o mercado. Tanto é que hoje ele é um grande executivo.

A verdade é que não existe uma educação empreendedora de base, ninguém aprende na escola como funciona o jogo do empreendedorismo, apesar de ser essa a maior força propulsora do nosso país. Segundo dados do Governo Federal, no final de 2024 havia 21,8 milhões de empresas ativas no país, das quais quase 90% eram microempresas.[7] Apesar disso, a maioria das pessoas daqui decide se tornar empresário sem saber as regras. É como se todos fossem colocados para lutar sem passar por um treinamento antes, sem ninguém para orientar. E ainda é esperado que todos vençam logo de cara!

As estatísticas são cruéis: um levantamento feito pelo Instituto Brasileiro de Geografia e Estatística (IBGE) em 2024 revelou que em torno de 20% das empresas não sobrevivem ao primeiro ano de vida.[8] Ou seja, um em cada cinco empresários vê seu sonho empreendedor se esvair em menos de doze meses.

De acordo com esse estudo, somente 76,2% das empresas fundadas em 2017 permaneceram ativas até 2018.[9] Essa taxa de sobrevivência cai ainda mais com o passar do tempo. Dentre aquelas mesmas empresas que nasceram em 2017, apenas 37,3% estavam de pé em 2022. A pesquisa analisou os dados formais de 2022, excluindo os microempreendedores individuais (MEIs).

Quem sofre com todo esse processo é o empreendedor, que sonhou alto e apostou mais alto ainda. Só que é preciso ser justo. As causas desses problemas que os empresários enfrentam todos os dias estão, muitas vezes, fora de seu alcance. Estão na base, na falta de educação empreendedora desde cedo.

Quero que você pare e pense: na escola, você foi preparado para lidar com gestão, finanças, estratégia e visão de negócio? Ou, mais tarde ainda,

---

[7] NÚMERO de empresas abertas em 2024 é recorde. **FACESP**, 13 jan. 2025. Disponível em: https://facesp.com.br/noticia/numero-de-empresas-abertas-em-2024-e-recorde. Acesso em: 27 maio 2025.

[8] QUASE 20% das empresas morrem no primeiro ano de atividade, aponta IBGE. **IstoÉ Dinheiro**, 5 dez. 2024. Disponível em: https://istoedinheiro.com.br/quase-20-das-empresas-morrem-no-primeiro-ano-de-atividade-aponta-ibge. Acesso em: 27 maio 2025.

[9] IBGE. **Demografia das empresas e estatísticas de empreendedorismo: 2022**. Rio de Janeiro: IBGE, 2024. Disponível em: https://biblioteca.ibge.gov.br/visualizacao/livros/liv102143.pdf. Acesso em: 27 maio 2025.

★ ★ ★

O CAMPEÃO MUDA DE ESTRATÉGIA.

★ ★

na faculdade, em qualquer curso que você tenha escolhido, havia disciplinas sobre como gerir um escritório, um consultório, uma carreira? Algum professor ensinou você a contratar, delegar, liderar? Aposto que não.

Pelo contrário, foi implantada na nossa mente a ideia equivocada de que só precisamos conhecer a parte técnica da nossa profissão. Apesar de o empreendedorismo ser o que move este país, ninguém prepara as pessoas para dar esse passo.

Claro que hoje existem algumas iniciativas que tentam corrigir esse desvio, mas ainda são inacessíveis à maior parte da população.

Além disso, foi incutida em nós a cultura que valoriza o lucro imediato. O empresário começa a sua vida achando que vai ter um "salário" ao final de poucos meses de investimento. E não disseram para ele que, antes de obter o resultado, ele precisa pensar em gerar valor real para a sociedade. Depois é que vem o "pagamento", em forma de receita e lucro.

A verdade é que há três motivos principais que levam as pessoas a empreender: porque herdaram o negócio da família, porque não conseguiram um emprego formal e precisaram abrir um negócio para sobreviver, ou porque não querem trabalhar para os outros e decidiram empreender com algo com que se identificam. Infelizmente, a segunda alternativa é a mais comum.

A maioria das pessoas empreende não porque quer, mas porque precisa. E mesmo quem escolhe esse caminho, muitas vezes o faz sem entender o que isso realmente exige.

Porém, vamos tirar a venda dos seus olhos. Vamos encarar as verdadeiras causas que colocam tantos empresários no chão.

A boa notícia é que, uma vez que você entenda isso, pode mudar o seu jogo a qualquer momento. Você pode aprender a se defender, apesar de todos os problemas que possa ter vivido até chegar aqui.

QUANDO NÃO HÁ ESCOLHA

Muita gente acha que o empreendedor é aquele cara visionário, que viu uma oportunidade, teve uma ideia genial, fez um plano de negócios, captou investimento ou tirou dinheiro do próprio bolso e criou uma empresa inovadora.

Essa imagem até existe, só que está longe de ser a realidade da maioria dos brasileiros. O mais comum é encontrarmos pessoas que empreendem porque precisam. Porque perderam o emprego, porque não conseguiram uma nova colocação no mercado de trabalho e porque precisam pagar os boletos no fim de cada mês.

Empreender, na vida real, muitas vezes é apenas um ato de sobrevivência. É o que resta quando todas as outras portas se fecham.

Eu tenho um outro amigo que é o retrato perfeito disso. Ele era o mais velho de quatro irmãos e, quando ainda estava no ensino médio, perdeu o pai. A mãe, dona de casa, nunca tinha trabalhado fora. Do dia para a noite, ele virou o homem da casa, e com isso veio uma carga que nenhum adolescente deveria carregar.

Com pouca instrução e praticamente nenhuma experiência, ele trabalhava com qualquer coisa que aparecia. Revezava entre vários bicos, trabalhos informais e entregas. Tentou arrumar um emprego fixo, mas não tinha um currículo que garantisse uma boa colocação. Não tinha tempo para estudar, porque assumiu a responsabilidade de ajudar a sustentar os irmãos. Por isso, decidiu abrir o próprio negócio. Não porque sonhava com isso, mas porque essa era a única alternativa naquela ocasião.

Começou com um pequeno comércio. Um tempo depois, entrou em sociedade em uma loja no shopping. Ele entrava em cada nova onda que surgia, com a fé de que, daquela vez, daria certo. Mas, como qualquer bom lutador sabe, a fé sem preparo não segura uma luta inteira.

Ele não tinha formação, não tinha rede de apoio, não tinha conhecimento técnico quase nenhum. Não sabia nada sobre fluxo de caixa, precificação, funil de vendas, margem de contribuição. Trabalhava muito, mas atuava no escuro. E, como muitos, foi enganado por essa ideia de que "se você trabalhar duro, tudo vai dar certo". Ele, de fato, trabalhou muito. E quebrou mesmo assim.

Depois de quase dez anos se virando como podia para se manter como empresário, viu o último negócio afundar feio. Contraiu dívidas, comprometeu o CPF, a saúde mental e a emocional. E aí, já mais experiente e calejado, conseguiu voltar ao mercado de trabalho. Conseguiu um emprego como gerente em uma empresa e, com estrutura e orientação, foi capaz de finalmente estabilizar a vida.

Essa história poderia ser uma exceção. Mas é regra: como vimos, a maior parte das empresas não resiste aos primeiros anos de vida. No caso do meu amigo, o final até foi feliz, porque hoje ele é um líder executivo de vendas de uma grande empresa – o que não acontece com a maior parte dos empresários que quebram.

Segundo o relatório executivo *Empreendedorismo no Brasil*, do Global Entrepreneurship Monitor (GEM),[10] realizado em parceria com o Sebrae, cerca de 45% dos empreendedores brasileiros entram nesse caminho por necessidade. Ou seja, quase metade dos empreendedores não começaram um negócio por vocação ou visão de futuro, mas porque não tinham outra alternativa. E entre as mulheres esse número é ainda maior. Muitas empreendem para sustentar os filhos, driblar a falta de oportunidades ou escapar da violência doméstica. É a realidade dura e crua, que pouca gente gosta de mostrar.

Na prática, o que temos é uma multidão de brasileiros que são empurrados para o mundo dos negócios sem saber o que fazer. Gente que vai com coragem, mas sem preparo. Que vai com vontade, mas sem técnica.

Gente que vende comida, roupa, cosméticos; que costura, conserta, pinta, entrega; que se vira como pode. Mas o sistema não perdoa.

Sem conhecimento de gestão, sem estrutura de apoio, sem política pública que dê sustentação, o pequeno empreendedor é um lutador sozinho, enfrentando adversários cruéis e invisíveis: a informalidade, os impostos, a ausência de crédito, a burocracia, a falta de tempo e o medo.

E o pior é que, quando o negócio quebra – e muitos quebram, como vimos –, a pessoa ainda carrega o peso da culpa. Ela começa a se achar fraca, acredita que falhou porque não se esforçou o suficiente ou porque é inútil. E isso acaba com o psicológico de qualquer um. A verdade é que ela nunca teve chance real. O jogo já estava desequilibrado desde o começo.

Se você é ou já foi essa pessoa, saiba que você não errou ao tentar. O erro não foi seu. O erro é de todo um sistema que não preparou você

---

[10] GEM; SEBRAE. **Relatório executivo:** empreendedorismo no Brasil. Sebrae, 2024. Disponível em: https://datasebrae.com.br/wp-content/uploads/2025/03/Brasil-RE-2024-2025-VF.pdf. Acesso em: 27 maio 2025.

o suficiente e, depois, ainda tirou tudo o que você tinha de mais precioso: a vontade de lutar.

E aqui, meu papel não é julgar. É mostrar que toda essa dor faz sentido e que, com a informação certa, você pode reverter a situação. Se o seu negócio parece um campo de guerra, não é porque você é fraco. É porque você ainda não sabe que tipo de armadura vestir.

O primeiro passo para mudar sua trajetória não é trabalhar mais. É parar de carregar a culpa pelo que você nunca teve a chance de aprender. Porque reconhecer que você não teve as mesmas armas é o começo da virada.

O QUE OS OLHOS NÃO VEEM, O NEGÓCIO SENTE

Eu fui uma feliz exceção nas estatísticas. Embora muita gente comece a empreender por falta de opção, esse não foi o meu caso. Quando parei de lutar, ali por volta dos meus trinta anos, eu tinha opções.

Meu corpo já dava sinais de que não aguentaria muitos rounds a mais: com as lesões acumuladas e a recuperação mais lenta, com meu corpo já não respondendo tão rapidamente às pancadas, acabei parando para pensar no meu cenário. Em um desses períodos de pausa, comecei a olhar para a frente com mais calma. Eu sabia que minha trajetória como atleta de alta performance estava chegando ao fim e não queria esperar o próximo golpe para tomar uma decisão.

Na época, vislumbrava algumas alternativas. Pensei em abrir uma academia de lutas. Também considerei gerenciar a carreira de outros lutadores. Afinal, eu conhecia o circuito, sabia como funcionava toda a estrutura por dentro. Mas foi sondando o mercado norte-americano que me decidi.

Lá fora, o mercado de produtos para atletas de luta estava explodindo. Marcas como Tapout e Affliction estavam dominando o cenário. Era mais do que roupa. Era identidade, pertencimento, estilo de vida. E aí me deu o estalo: por que não criar uma marca com esse espírito aqui no Brasil? Foi assim que nasceu a Naja.

★ ★ ★

SE O SEU NEGÓCIO PARECE UM CAMPO DE GUERRA, NÃO É PORQUE VOCÊ É FRACO. É PORQUE VOCÊ AINDA NÃO SABE QUE TIPO DE ARMADURA VESTIR.

★ ★

À PROVA DE NOCAUTE
@EDU_GRIMALDI

Não foi uma saída de emergência, mas uma escolha estratégica. Uma leitura de contexto. Uma aposta consciente. Eu enxerguei uma oportunidade, elaborei um plano e entrei no jogo para ganhar. Claro que muita coisa aconteceu até eu finalmente "vencer" como empresário, e já adiantei parte da história para você. Mas aqui entra um ponto crucial desta nossa conversa: a visão empreendedora. Isso eu tinha de sobra.

Então, se por um lado muita gente entra no mundo dos negócios por necessidade, por outro, há quem entre como alternativa, como foi o meu caso, só que sem uma visão clara de onde está pisando. E isso também pode levar ao fracasso.

Ainda usando as metáforas dos esportes do mundo da luta, a falta de visão empreendedora é parecida com o ato de entrar em um ringue sem estudar o adversário, sem assistir aos vídeos das lutas anteriores, sem saber em qual round ele costuma ficar mais cansado. No mundo dos negócios, assim como no esporte, força bruta não resolve tudo. É preciso ter visão.

Mas o que é, afinal, essa tal de "visão empreendedora"?

Gosto de dizer que é a capacidade de enxergar o que os outros ainda não viram. É entender de gente, de mercado, de *timing*. Olhar para um cenário e conectar os pontos: do que as pessoas precisam, o que eu posso oferecer, o que está mudando no mundo. E mais: é saber onde vale a pena entrar, como começar, com quem contar e até onde você pode chegar.

Tem gente que acha que isso é dom, mas eu não acredito nessa interpretação. Acredito que podemos nos desenvolver, fortalecer nossos pontos fortes ou contratar quem é melhor que nós para suprir nossas áreas de inabilidade.

Eu tenho convicção de que visão empreendedora se desenvolve. Ela nasce de repertório, de vivência, de escuta ativa, de observar o mundo com atenção.

No meu caso, eu só consegui pensar na Naja porque, antes disso, vivi intensamente o universo das lutas. Viajei pelo mundo, observei o mercado, entendi quem eram os competidores. Eu prestava atenção no que estava funcionando em outros lugares. Eu consumia, observava e analisava; ou seja, eu treinava o meu olhar.

Agora, pense um pouco: quantas pessoas que abrem um negócio no Brasil têm tempo, bagagem ou incentivo para desenvolver essa visão? A resposta não é fácil de aceitar: muito poucas. E não é porque são menos inteligentes ou menos esforçadas. É porque elas não foram estimuladas a desenvolver o pensamento estratégico.

A gente cresce aprendendo a obedecer, não a pensar como dono. A escola não ensina a observar o mercado, a identificar padrões, a questionar modelos de negócio. E fato é que a visão empreendedora não nasce "do nada": ela precisa de provocação para acontecer, precisa de um ambiente que a estimule.

A maioria dos pequenos empresários no Brasil abrem o negócio no escuro, como os dados nos mostram. Eles têm uma ideia vaga na cabeça, uma referência solta aqui e outra ali, e muita coragem no coração. Coragem é importante, porém, sem direção, ela só vira cansaço. E cansaço sem resultado se torna frustração.

Existem dois tipos de empreendedores: aqueles que entram sabendo aonde querem chegar, e os que entram só querendo sair de onde estão. O primeiro grupo tem estratégia. O segundo, desespero. Embora legítimo, o desespero é um péssimo conselheiro.

Se esse é o seu caso, saiba que nem tudo está perdido. Coragem e vontade de vencer são os primeiros ingredientes de um empresário de sucesso. Se você está lendo este livro, é porque está começando a abrir os olhos. E, acredite em mim, isso muda tudo.

A FALSA LIBERDADE

Antes de seguir adiante, precisamos quebrar alguns tabus. Enquanto muita gente empreende por necessidade, há também aqueles que escolhem seguir por esse caminho, só que carregando uma ilusão perigosa: a de que abrir um CNPJ é sinônimo automático de liberdade.

Há quem acredite que, ao se tornar seu próprio chefe, todos os problemas vão se resolver. Que basta não ter patrão, não bater ponto e tomar as próprias decisões para que o sucesso seja inevitável. Mas o mercado não funciona com base em desejos. Ele funciona com base em preparo, estratégia e maturidade de gestão.

Existe um romantismo em torno da ideia de "trabalhar para si mesmo" que precisa ser desfeito. É claro que há muito valor nessa jornada (senão eu mesmo não estaria aqui escrevendo este livro); no entanto, acreditar que isso por si só basta é um erro. Um erro que custa caro.

Empreender não é só trocar o crachá da empresa pela liberdade. É trocar o crachá por responsabilidade. É sair de uma estrutura com departamentos, metas claras e processos definidos, para ser o responsável por absolutamente tudo. E quando você faz isso sem saber o que está assumindo, o tombo vem uma hora ou outra.

Há muitos profissionais excelentes por aí que vivem essa realidade. Médicos, advogados, engenheiros, arquitetos... Gente altamente qualificada, mas que aprendeu a exercer a profissão, e não a empreender na própria área.

Durante a graduação, esses profissionais estudam ética, técnica, teoria, práticas clínicas ou jurídicas, mas raramente escutam sobre gestão, fluxo de caixa, precificação, liderança ou marketing. Eles saem prontos para atender, mas não para administrar. Prontos para executar, mas não para crescer.

E o que acontece? Abrem um consultório, uma clínica ou um escritório e acreditam que isso é suficiente para que a estrutura funcione. Só que ter um negócio e fazer o negócio funcionar são coisas completamente diferentes.

Ter um negócio é abrir as portas. Fazê-lo funcionar é saber por quanto vender, como cobrar, como captar clientes, como fidelizar, como escalar. É saber delegar, contratar, demitir, negociar, acompanhar métricas. É entender que o serviço que você presta é só uma das peças do tabuleiro.

Inclusive, algumas pessoas dessas áreas mais técnicas até têm preconceito com o termo "empresário". São profissionais que estão à frente de uma equipe, têm clientes, mas não reconhecem que têm uma empresa e que ela precisa ser sadia em todas as áreas.

Talvez acreditem que esse título seja para quem tem uma loja, vende produto, lida com volume, fábrica ou comércio. Mas isso está longe de ser verdade.

Alguns dizem "Eu sou médico, não sou empresário", "Sou advogado, não dono de empresa". Mas a verdade é que, se você tem um CNPJ, gera receita, paga impostos, tem equipe, você é, sim, empresário – querendo ou não. Negar isso é o começo do fim do sucesso. O grande problema dessa negação é que ela impede a busca por conhecimento.

Pense comigo: quem não se enxerga como empresário não vai procurar aprender sobre gestão, liderança, precificação e estratégia, concorda? Vai seguir sempre com tentativa e erro, esperando que a competência técnica seja suficiente para manter o negócio de pé.

Você se lembra do meu amigo, sobre o qual falei no começo deste capítulo? Aquele que largou uma carreira executiva sólida para empreender? Ele tinha recursos, contatos e experiência de mercado no corporativo. Porém, não tinha o preparo certo para o tipo de luta na qual iria entrar. Tinha a ilusão da liberdade, mas não tinha o perfil nem a formação empresarial. Quis ser dono do próprio tempo e virou dependente do próprio negócio.

Ele acreditou que ser um excelente executivo o tornaria, automaticamente, um bom empreendedor. Só que se esqueceu de que o empreendedorismo é "outro esporte". As regras são diferentes, a pressão é constante e a responsabilidade, total. No empreendedorismo, a liberdade não é ponto de partida. Ela é conquista, linha de chegada. É preciso mais do que coragem, é necessário ter consciência, preparo e visão.

Se você ainda não se enxerga como empresário, esse é o momento de ajustar a postura. É preciso parar de lutar com a guarda baixa porque, nesse jogo, a liberdade só vem depois que você aprende a dominar as regras.

E, veja bem, não há problema nenhum em admitir que ainda não domina todas essas regras. O erro está em continuar agindo como se já dominasse.

A ARMADILHA DO CURTO PRAZO

Existe um outro problema silencioso que derruba muitos negócios antes mesmo que eles consigam se firmar: a mentalidade de curto prazo.

Como a maior parte dos empreendedores entra nesse mundo por falta de opção, começa o negócio achando que vai ganhar dinheiro logo no primeiro mês. Acredita que basta abrir as portas ou criar uma conta em uma rede social, contar para os amigos e pronto, vai chover cliente.

De fato, nos primeiros dias até parece que as coisas vão dar certo mesmo. Os amigos apoiam, as pessoas compram pela novidade, a família incentiva, os vizinhos compartilham. É o que eu chamo de "armadilha dos primeiros noventa dias".

Nesse período, o empreendedor vive uma espécie de "lua de mel" com sua ideia empreendedora. Vende para os conhecidos, ganha curtidas, recebe elogios e acha que encontrou uma mina de ouro. Daí, empolgado com essa demanda inicial, começa a tirar dinheiro da empresa.

E faz o que poderia fazer de pior: paga as contas pessoais com o caixa da empresa que nem se sustenta ainda; compra um celular novo; faz planos com base em um faturamento que ainda não é sustentável ou previsível.

O problema é que esse faturamento inicial não veio do mercado, veio do afeto. Não é um indicador real de viabilidade, é só um primeiro impulso emocional. Passado esse período, a empresa entra em mar aberto, sai da bolha de quem conhece o dono e começa a disputar espaço com o resto do mercado.

É nessa hora que o negócio precisa se provar promissor. Porém, muitas vezes iludido pela "armadilha dos noventa dias", o empresário não reinvestiu o que vendeu, não formou capital de giro, não pensou em estoque, marketing, processos ou plano de expansão, nem que fosse para os próximos meses. Tudo o que ele fez foi acreditar que, se começou bem, continuaria assim.

Mas um negócio requer mais do que começar; é preciso continuar. E continuar exige preparo, estratégia e, mais que tudo, resistir à tentação do lucro rápido para construir uma base sólida e crescer com segurança.

Se você não foi educado para formar caixa nem treinado para pensar a longo prazo, deve começar agora a estudar por conta própria. Talvez você não tenha aprendido a calcular riscos, apenas a trocar o que sabe fazer por dinheiro. Agora, é preciso transformar isso em um modelo de negócio sustentável.

É necessário ser gestor do próprio futuro. Não basta vender bem – esse é somente um dos pilares de um negócio de sucesso. O empresário que pensa só no lucro imediato está sempre a um tropeço da falência. E sabe por quê? Porque toda empresa é um organismo, e se você não a alimenta, ela enfraquece.

Por isso, mais do que simplesmente vender, é preciso construir. Antes de pensar em lucrar, é preciso gerar valor para o seu entorno. Muito mais do que agradar a alguns poucos nos primeiros meses, é preciso permanecer relevante para muitos nos próximos anos.

★ ★ ★

NO EMPREENDEDORISMO,
A LIBERDADE NÃO
É PONTO DE PARTIDA.
ELA É CONQUISTA,
LINHA DE CHEGADA.

★ ★

À PROVA DE NOCAUTE
@EDU_GRIMALDI

A gente precisa abandonar essa ideia de que o empreendedor tem que "se virar". Empreender é um caminho legítimo, poderoso e transformador, mas só quando é feito com visão e estratégia. E para isso, antes de mais nada, é preciso mudar a mentalidade. O pensamento de curto prazo é uma armadilha, e quanto mais você avança sem perceber, mais difícil é sair dela.

Agora que você entendeu de onde os golpes vêm, é hora de aprender a se esquivar, se proteger e, principalmente, contra-atacar. Nos próximos capítulos, vamos falar sobre como construir essa defesa. Como desenvolver visão, sair da zona de reação e assumir o controle. Você não precisa – nem deve – ficar apanhando inerte e sem agir, porém deve estar disposto a reaprender.

E eu vou estar aqui ao seu lado, capítulo a capítulo, para ajudar você a chegar mais longe. Vamos juntos.

3.

GERAR VALOR ACIMA DA MÉDIA

Se você acha que tem uma empresa só porque vende produtos ou serviços, sinto dizer que você está enganado.

Essa, talvez, seja a ideia mais difícil de assimilar. Isso, porque a gente aprende que a operação mais importante em um negócio é vender. Que ter um bom produto é suficiente. E que se tiver gente interessada nesse produto e pagando por ele, então está tudo certo. Mas não é bem assim.

Entenda logo, antes de continuarmos: vender é o básico. Oferecer um bom produto e ter uma boa entrega também é o mínimo. No entanto, *gerar valor é o que muda o jogo*. Essa é a diferença entre o empresário comum e aquele que, de fato, constrói um legado. O comum vende, entrega e parte para a próxima venda. O que deixa marca vai muito além: ele conquista o cliente, fideliza e transforma aquele cliente em fã que traz outros, e outros e outros.

É isso mesmo. O cliente se torna um fã e faz questão de divulgar a marca espontaneamente por onde vai. É aquele cara que não troca sua marca por nada. Que a indica, que a defende, que veste a camisa – ou melhor, no meu caso, que tatua o logotipo da empresa no próprio corpo. Isso é ser acima da média.

Eu vivi isso. Comecei minha empresa do zero, com sangue no olho e uma vontade absurda de vencer. Fiz a marca se tornar mundial. Hoje, a Naja não é apenas uma fabricante de artigos de luta. Ela é uma bandeira, um símbolo de energia e luta para além dos ringues. Tem gente que tem orgulho de exibir o logo. Sabe o que isso significa? Que eu deixei de ser só um fabricante de produtos e me tornei o criador de uma marca com alma. E isso é o que eu chamo de gerar valor.

A geração de valor acontece quando a pessoa não compra mais só uma luva, um acessório ou uma roupa. Ela compra o que aquilo representa. Compra o estilo, a tribo, o orgulho de fazer parte de um universo maior.

No entanto, não pense que isso acontece do dia para a noite. Demora, custa tempo e dinheiro. Outras vezes, machuca quem não está bem resolvido com a mentalidade empreendedora. Porém, é o único caminho possível se você quiser que sua empresa dure mais do que uma boa temporada de vendas. Se quiser que ela se torne um legado, em vez de só mais um negócio.

Para tanto, há uma primeira verdade fundamental que você precisa entender: produtos morrem, soluções envelhecem e tecnologias se tornam obsoletas. Mas uma marca de verdade sobrevive a tudo isso. Quando você compreende esse cenário, entra no jogo para valer, para de lutar só por lucro e começa a erguer um império.

POR TRÁS DA CONSTRUÇÃO DE VALOR

Se existe uma coisa que eu aprendi na prática, é que marca não é detalhe: é fundamento. Marca é o que sustenta uma empresa no tempo. É o que garante que ela seja lembrada, desejada, defendida e, principalmente, continuada.

Mas o que é, afinal, uma marca?

Ao longo dos anos, e ainda hoje à frente da minha nova empresa, a GHP, já vi muitas definições diferentes. Há quem diga que marca é percepção. Ou que a descreva como identidade. Outros falam que é promessa, reputação ou até o conjunto de símbolos que representam um negócio. Tudo isso tem sua dose de verdade. Mas eu tenho minha própria definição, construída com base em tudo que vivenciei até aqui: marca é uma ideia criada por uma pessoa para o mundo, com um propósito muito bem definido.

É algo que nasce de dentro. Alguém enxerga uma necessidade ou tem uma visão de futuro, decide transformar isso em algo real e começa a moldar esse algo com intenção, clareza e significado. Foi exatamente o que fiz com a Naja.

Eu não queria só vender produtos para quem lutava. Queria criar um símbolo que representasse uma mentalidade. Queria que, ao ver a marca, a pessoa sentisse que ali havia algo dela. Uma conexão, um porquê. E eu consegui. A Naja virou mais do que uma empresa, ela se transformou em um símbolo de pertencimento.

Não falo isso da boca para fora. Eu tenho provas, na forma de ações alheias. Tem gente que me manda recado pelas redes sociais dizendo: "Essa marca mudou a minha vida!". Um cliente, por exemplo, tatuou o logotipo completo nas costas e postou a foto no Instagram para todo mundo ver.

Veja bem: ninguém tatua uma empresa qualquer. As pessoas tatuam o que essa empresa representa na história delas.

Esse é o ponto central. Quando você constrói uma marca de verdade, não vende mais só produtos ou serviços. Você entrega significado. Você faz parte da vida do outro. E quando isso acontece, o vínculo vai além da lógica, entra no campo emocional.

Por isso, eu insisto que a sua marca precisa ter um porquê. Precisa ter uma missão muito forte, comunicar a sua essência. Precisa de um motivo para existir que vá além do lucro. Você pode até começar pequeno, vendendo ali no bairro, atendendo no boca a boca, fazendo tudo sozinho. Mas, desde o início, se tiver clareza do que sua marca representa, ela já começa a se fortalecer.

Marcas não se criam só com design bonito ou com redes sociais alimentadas. Elas se constroem com coerência, intenção e propósito bem-definido. Elas se fortalecem quando o que você faz está alinhado com aquilo em que você acredita. Depois de cumprir essa etapa, você parte para a estratégia de vendas e expansão.

A Apple, por exemplo, não se tornou o que é por ter o melhor celular do mundo. O que sustenta a Apple é a força da marca. É o que ela representa. É o "*Think different*", sua *tagline*, que significa "Pense diferente". É a sensação de exclusividade, de inovação, de comunidade. As pessoas compram uma ideia antes de comprarem um produto.

E a pergunta que fica é: qual é a ideia que a sua empresa está colocando no mundo? Você precisa saber a resposta para isso, pois, se nem você souber, fica difícil esperar que os outros se conectem com sua marca.

PRODUTO É PASSAGEIRO, MARCA É PERENE

Se o seu negócio depende só do seu produto, ele tem prazo de validade.

O mundo muda. O comportamento do consumidor muda. A tecnologia muda. O que ontem parecia inovador, amanhã pode ser completamente ultrapassado. E então? O que segura a sua empresa de pé? A resposta é simples: a sua marca.

Se você ainda não sabe a diferença entre produto e marca, vamos para mais dois conceitos da vida real. Produto é o que você entrega. Já marca é o que as pessoas lembram. É o que elas sentem. É o que carregam com elas, mesmo quando não estão comprando nada.

Quer um exemplo clássico de uma grande empresa que não soube manter a marca de pé? A BlackBerry.

Durante anos, a empresa canadense fabricante de smartphones e tablets foi a queridinha dos executivos, era sinônimo de status e produtividade. Mas não conseguiu acompanhar as mudanças do mercado com o seu produto. Quando os smartphones com tela touch e sistemas operacionais mais abertos surgiram, o BlackBerry (o nome do produto, inclusive, era o mesmo nome da empresa) simplesmente desapareceu. Por quê? Porque a marca estava atrelada demais ao produto. Ela não sustentava um significado maior.

Agora, pense na Apple. Nos últimos anos, sejamos honestos, o iPhone mudou pouco. A cada modelo novo, uma melhoria aqui, outra ali, uma câmera extra, uma bateria que dura um pouco mais, mas nada que transformasse de verdade o jeito de usar. E mesmo assim, milhões de pessoas fazem fila todos os anos para comprar o produto quando um novo modelo é lançado. Por que isso acontece? Porque as pessoas não compram só o celular. Compram o que a Apple significa para elas. Compram o estilo de vida, o design, a inovação, a experiência, o pertencimento. E, principalmente, elas compram porque confiam na marca.

Outro bom exemplo é a Coca-Cola. O produto em si é simples: refrigerante. Mas a marca construiu um universo em torno disso. Observou o mercado, lançou variações, como a Coca-Cola Zero, expandiu para o mercado de roupas e acessórios, mas manteve a mensagem forte e consistente: "Abra a felicidade". A Coca vende muito mais do que apenas um refrigerante.

Vende emoção e memória afetiva. Vende aquele momento em família no almoço de domingo ou a pizza da sexta-feira à noite com os amigos.

Quando você constrói uma marca forte, está protegendo seu negócio das intempéries e da passagem do tempo. Mesmo que o produto evolua, mude ou até deixe de existir, a marca continua. E é ela que permite que você se reinvente, diversifique e cresça.

Na Naja, desde o começo, eu entendi que o produto era só o ponto de partida. Eu vendia luvas, roupas e acessórios. Mas o que sustentava o negócio eram as ideias de identidade, força e pertencimento a uma tribo. O cerne da Naja não era o que cada cliente vestia. Era quem ele se tornava depois de vestir. Por isso a empresa cresceu tanto e ganhou o mundo.

Quando o produto começa a disputar espaço com outros só por preço ou funcionalidade, vira commodity. Mas uma marca forte torna os concorrentes irrelevantes. Se a sua empresa ainda está baseada só no que você vende, tome muito cuidado. Você está construindo em terreno frágil. Agora, se você começar a construir a marca de verdade, vai sair do território do lucro imediato e entrar no universo do *equity*, ou seja, da venda de participação e da geração de dividendos.

Lucro é importante, claro. Mas o *equity* é o que transforma uma empresa comum em um ativo valioso. É o que permite que um negócio cresça, seja vendido, escalado, perpetuado. E tudo isso começa quando você entende que produto passa, mas a marca permanece.

A METODOLOGIA GHP – GESTÃO HIGH PERFORMANCE

Agora que você entendeu que marca é o que sustenta um negócio no tempo, chegou a hora de mostrar o caminho para construir isso na prática.

Não adianta só saber que gerar valor é importante. É preciso aplicar uma metodologia que ajude a transformar esse conceito em realidade. Foi isso que eu desenvolvi ao longo da minha trajetória: um método prático, direto, testado e aprovado por mim e por dezenas de outras organizações que atendo hoje em minha empresa.

EMPRESA DE VERDADE
NÃO VIVE SÓ DO HOJE:
VIVE COM OS OLHOS
NO AMANHÃ.

À PROVA DE NOCAUTE
@EDU_GRIMALDI

Esse método se chama GHP – Gestão High Performance. Ele é dividido em quatro etapas que representam o amadurecimento de um negócio. Pense assim: toda empresa que nasce começa em um estágio e, se for bem conduzida, vai evoluir naturalmente. Cada um desses estágios tem suas características, seus desafios e seus sinais de transição.

O problema é que 90% das empresas brasileiras nunca saem do primeiro ou, no máximo, do segundo estágio. E é justamente por isso que elas ficam paradas no tempo, dependem demais do dono, não crescem e/ou vivem eternamente apagando incêndios. Quando você conhece quais são esses estágios, começa a enxergar sua empresa com outros olhos e, o melhor, começa a entender o que precisa fazer para levá-la ao próximo nível.

Os estágios são os seguintes:

1. EU

É o estágio inicial. A empresa é, basicamente, você. Tudo gira em torno do seu esforço pessoal, da sua rede de contatos, da sua presença. Você vende para os amigos, para os familiares, para as pessoas que confiam em você, e não necessariamente no seu produto. Aqui, a empresa ainda não tem "cara própria". Você é a vitrine, o cartão de visita, o pós-venda, o financeiro e o atendimento ao cliente.

Essa fase é natural no começo, mas não pode durar muito. Afinal, se você não sair daqui, o negócio vira um emprego com mais risco e menos férias.

2. EU-MARCA

Neste estágio, começa a haver uma separação entre você e o negócio. A marca passa a ter uma identidade, mesmo que ainda muito ligada a você. É quando as pessoas começam a reconhecer o nome da empresa, não apenas o seu.

O visual melhora, o posicionamento começa a se formar, a comunicação ganha um pouco mais de consistência. Mas ainda assim, você interfere diretamente em tudo. Você ainda está no centro, tomando todas as decisões, apesar de já sentir que há algo maior sendo estruturado.

É como se a empresa estivesse começando a andar com as próprias pernas, mesmo que você ainda esteja indicando o caminho.

3. MARCA-EU

Agora, a coisa avança um pouco e começa a mudar de verdade. Você já não é mais o principal canal de aquisição. As pessoas chegam até a sua empresa por causa da marca, não do seu nome ou do seu produto. Ela já tem o próprio nome consolidado, já tem presença de mercado, autoridade.

Você ainda está por perto, participa das decisões estratégicas, aparece como referência em alguns momentos, mas a empresa não depende mais exclusivamente da sua presença para funcionar.

É aqui que o jogo começa a virar. Você começa a sair da operação e a focar a gestão, a visão de longo prazo, a expansão. Nesse estágio, você já pode – e deve – pensar em escalar, porque a marca tem condições de bancar o crescimento.

4. MARCA

Esse é o estágio mais avançado, mais desejado. E o mais raro também. Aqui, a empresa já é muito maior do que você. Ela funciona, cresce, se comunica e se fortalece sem que você precise estar em todas as reuniões, em todos os processos, em todas as decisões. As pessoas compram pela marca, e não pela pessoa por trás dela.

Poucas empresas chegam até aqui, porque a maioria não investe tempo suficiente na construção da marca. Mas quando chegam, elas mudam de patamar. Param de viver de venda e começam a construir valor de mercado real. Saem do território do lucro imediato e entram no jogo do *equity*.

Essa jornada de quatro fases é o mapa da virada. Quando entendi isso, tudo mudou para mim.

Na Naja, comecei com "Eu". Eu batia na porta dos compradores para vender, oferecia os produtos para os amigos do esporte, fazia tudo o que podia para divulgar a empresa. Não demorou muito, e logo percebi necessidade de construir a marca. Criei o logo, a identidade, o slogan. E, aos poucos, a Naja foi ficando conhecida por si só. Cheguei na fase Eu-Marca, passei para a Marca-Eu, e logo depois, na fase final, para o estágio de Marca, após quinze anos de gestão.

A marca começou a falar por si. E, por isso, ela virou um ativo.

Agora, estou repetindo esse processo com a minha nova empresa, a GHP. Antes de qualquer operação, de qualquer atendimento, o que eu criei primeiro foi a marca. Nome, propósito, frase de posicionamento. Tudo feito com intencionalidade. A *tagline* que escolhi resume tudo em que acredito: "A primeira na mente e no coração dos lutadores".

Essa é a diferença entre quem tem um negócio qualquer e quem está construindo algo que vai permanecer ao longo do tempo.

Sua empresa está em qual fase? Se ainda está na primeira, não tem problema; faz parte da história de qualquer negócio. Mas é importante que você reconheça onde está e comece, a partir de agora, a construir a evolução.

SUA EMPRESA É O QUÊ, AFINAL?

Chegou a hora de encarar o espelho.

Depois de tudo o que conversamos até aqui, faço uma pergunta simples, mas que exige uma resposta honesta: você tem uma empresa ou só vende algum produto ou serviço?

Porque muita gente acha que está empreendendo, mas na verdade só está empacotando um produto, colocando preço e tentando empurrar para alguém comprar. O pior é fazer isso sem posicionamento, identidade e estratégia. O negócio é movido por urgência, não por visão.

E aqui vai uma verdade dura: se o seu cliente não consegue entender o que você faz ao olhar para sua marca, seu logo, sua comunicação... você está perdendo tempo.

Um dos primeiros exercícios que faço nos eventos presenciais da GHP é o seguinte: eu peço aos empresários que coloquem o logo no celular, mostrem para três pessoas ao redor e perguntem: "Com base nisso aqui, o que você acha que a minha empresa faz?". A resposta, na maioria das vezes, é um silêncio constrangedor ou um chute bem distante da realidade.

E isso acontece porque a maioria dos logos e nomes não dizem nada. A identidade visual está desconectada do propósito e da essência da empresa. E, pior ainda, não há nenhuma frase de valor que explique de maneira simples e direta o que é oferecido.

PRODUTOS MORREM, SOLUÇÕES ENVELHECEM E TECNOLOGIAS SE TORNAM OBSOLETAS. MAS UMA MARCA DE VERDADE SOBREVIVE A TUDO ISSO.

À PROVA DE NOCAUTE
@EDU_GRIMALDI

Para a sua marca ser amada, primeiro ela precisa ser reconhecível. E você precisa facilitar esse caminho, pois o cliente não vai adivinhar!

No começo de um negócio, principalmente, não é somente a imagem da marca, mas o branding verbal que vai encurtar esse trajeto. Uma boa *tagline* ou frase de posicionamento diferencia, explica e conecta a empresa com o público. Pode ser uma frase simples, mas objetiva e impactante o suficiente para posicionar a empresa no mercado e explicar, de modo direto, qual é a sua promessa.

Quer ver alguns exemplos de negócios brasileiros que fazem isso muito bem?

- **Localiza** – "Acelerar o movimento, impulsionar a evolução." Mais do que ser uma locadora de carros, a marca quer transmitir confiança, evolução e experiência de qualidade. Você aluga e sabe que vai dar certo.
- **Natura** – "Bem estar bem." A marca não vende só cosméticos, vende autocuidado com consciência, conexão com a natureza e com cada cliente.
- **iFood** – "Comida é nossa paixão. Tecnologia, o nosso talento." Simples, direto, cotidiano. A marca se colocou como solução imediata para um desejo básico e virou sinônimo de entrega rápida.
- **Reserva** – "*Be yourself but not always the same*" (em português, "seja você mesmo, mas não seja sempre o mesmo"). Uma marca de moda masculina que, em vez de falar só de roupa, fala de atitude, estilo de vida e um posicionamento diante do mundo.

Essas empresas não deixam dúvidas sobre o que são, o que oferecem e por que existem. Elas ocupam um espaço claro na mente das pessoas. E isso não é por acaso. É um trabalho de marca bem-feito. Agora, respire fundo e responda para você mesmo:

- Qual é a frase que define sua empresa hoje?
- Ela define bem sua empresa?

Se a sua empresa não tem essa frase, ou seja, não tem uma marca bem definida, ou até tem, mas é uma frase genérica, longa ou confusa, então está na hora de revisitá-la. E, para ajudar você nesse processo, deixei aqui um espaço para escrever:

> Qual é a sua proposta de valor atual, ou seja, como você comunica sua empresa hoje?
>
> ______________________________
>
> ______________________________
>
> Qual é a sua proposta de valor revisitada, ou seja, como ela deveria ser para gerar mais valor e clareza?
>
> ______________________________
>
> ______________________________

Esse exercício pode parecer simples, mas é o começo de uma virada. Quando você muda a forma como comunica sua marca, muda a forma como ela é percebida, e isso muda tudo.

NÃO PARE POR AQUI AINDA!

Antes de encerrar este capítulo, preciso reforçar algo importante. Muita gente diz que tem uma empresa, mas, na prática, o que tem é uma operação de vendas. Coloca o produto na rua, gera faturamento, paga algumas contas e acha que isso basta. Não basta.

Empresa de verdade tem de ter marca, propósito e identidade. Precisa de clientes que compram uma vez e depois voltam para comprar mais, indicam o negócio, defendem a marca todos os dias. Empresa de verdade não vive só do hoje: vive com os olhos no amanhã.

E aqui vai um alerta importantíssimo: se o seu negócio não está construindo marca, está só sobrevivendo. Se continuar assim, mais cedo ou mais tarde vai ser engolido pelo mercado. O produto vai envelhecer, a tecnologia vai mudar, os hábitos de consumo vão virar de ponta-cabeça. E quem não tiver marca forte vai sumir.

É por isso que eu bato tanto na mesma tecla de que o produto é importante, claro, mas a marca é o que sustenta o negócio. É ela que permite que você cresça, escale, venda, reinvente-se e até saia da operação um dia, porque o negócio se tornou maior do que você.

Só que nada disso acontece do dia para a noite. Construir uma marca exige clareza, consistência e visão de longo prazo. Exige também entender em que fase você está hoje e o que precisa fazer para evoluir. É exatamente isso que vamos começar a fazer nas próximas páginas.

Agora que você sabe da importância de gerar valor e construir marca, vamos voltar ao início da jornada. Vamos entender por que a maioria dos empresários trava logo na largada e detalhar a primeira fase da metodologia GHP, a fase "Eu", que é o ponto de partida da maioria dos negócios – e o ponto de desgaste de muitos empreendedores. Se você sente que carrega tudo nas costas, que o seu negócio depende 100% de você e que a sua empresa ainda não tem vida própria... então o próximo capítulo foi feito para você.

E mesmo que já tenha passado dessa fase, continue lendo. Pode ser que alguns detalhes tenham escapado na sua trajetória, e corrigir a rota agora vai poupar muito esforço (e dinheiro) no futuro.

4.

O PRIMEIRO ESTÁGIO: "EU"

Para você que chegou até aqui, um aviso importante: este capítulo não é só para quem está começando agora a empreender. Pode parecer estranho, mas a verdade é que existem empresas com vinte, trinta ou até mais anos de mercado que ainda vivem no estágio do "Eu".

Se você acha que já passou dessa fase, leia mesmo assim e com muita atenção. Não pule as próximas páginas, não caia na tentação de avançar para o capítulo seguinte. Pode acontecer de você perceber que seu negócio está travado neste ponto, ainda que você tenha anos de estrada no mundo empresarial. Se for esse o caso, pare tudo o que estiver fazendo agora e corrija a rota.

O estágio do "Eu" não tem a ver com tempo de existência ou com faturamento. Tem a ver com dependência total do dono, com empresas que vivem apenas do esforço pessoal de quem as criou. São negócios em que apenas o nome do fundador é lembrado. Nessa fase, o cliente compra para ajudar, por amizade, por carinho ou mesmo pelo custo-benefício do produto, não por identificação com o que a marca representa.

Seja você um empreendedor veterano ou alguém dando os primeiros passos, a boa notícia é: ainda dá tempo de mudar.

Agora, se você está mesmo começando – abrindo neste momento o seu CNPJ, validando a sua ideia ou estruturando os primeiros produtos ou serviços –, entenda que este é o seu estágio atual, e isso não é nenhum problema. É natural, quase a totalidade dos negócios começam por aqui. O ponto-chave está em não se acomodar nessa fase.

No início, o dono do negócio só tem duas opções: ou tem muito dinheiro e uma rede de relacionamentos bem forte para manter a empresa de pé nos três primeiros anos com fôlego para aguentar os próximos; ou começa desde já a construir uma marca, com identidade, clareza e diferenciação, para não entrar para as estatísticas das empresas que quebram logo no início.

Sem marca, o que você tem é só uma boa ideia ou um produto. E produtos, por melhores que sejam, têm data de validade. Se não forem sustentados por uma marca forte, desaparecem diante da concorrência.

Portanto, se você quer sobreviver à crueldade das estatísticas, e mais do que isso, quer crescer com consistência, precisa entender o que significa estar no estágio do "Eu". E, principalmente, o que fazer para passar de fase.

Nos próximos parágrafos, entraremos fundo nessa realidade. Vamos falar de reputação de marca, reconhecimento e resultado, mostrando por que tantas empresas quebram nessa fase e como evitar que isso aconteça com você.

Além disso, traremos à tona verdades duras, histórias reais e um checklist prático para você avaliar, com honestidade, onde está a sua empresa hoje. Prepare-se, pois este capítulo é o seu espelho da vida real.

O QUE É, DE FATO, O ESTÁGIO "EU"

Toda empresa nasce de uma pessoa. De uma vontade, uma ideia, um incômodo ou uma necessidade. É sempre alguém que resolve dar um passo a mais e transformar algo em negócio. Isso é natural. Mas o que não pode ser natural é continuar sendo só essa pessoa por tempo de mais.

A fase "Eu" é o estágio em que a empresa é, literalmente, você. Seu nome é mais conhecido do que o nome da marca. Seu esforço pessoal é o que sustenta o faturamento. Sua rede de contatos é, muitas vezes, o único canal de vendas. Seu rosto aparece em tudo, sua voz fecha os negócios, sua assinatura está em cada entrega. E quando você sai de cena, tudo para.

É o momento em que o negócio depende 110% da sua presença, do seu carisma, do seu tempo, às vezes até da sua saúde. Se você não trabalhar, nada vai acontecer. Se não for atrás do cliente, ele não vem atrás da sua empresa.

★★★

SEM MARCA, O QUE VOCÊ TEM É SÓ UMA BOA IDEIA OU UM PRODUTO.

★★

À PROVA DE NOCAUTE
@EDU_GRIMALDI

Nesse momento, o custo pessoal é alto: você ainda não tem uma empresa, como dissemos no capítulo anterior; tem um emprego com mais risco e menos férias.

A fase do "Eu" é a da sobrevivência empresarial. Você vende porque as pessoas confiam em você, não necessariamente porque confiam no seu produto. Você ainda não construiu autoridade de marca, não tem uma identidade forte no mercado, e quase sempre o cliente compra para ajudar. É seu primo, sua amiga, o vizinho, o colega da academia. Chamo isso de "zona primária", uma espécie de ecossistema íntimo, que segura as pontas enquanto você tenta fazer o negócio ganhar forma.

Veja bem, essa fase não é um erro, ela é inevitável. O erro está em não perceber que ela tem prazo de validade – e esse prazo é curto. Na maioria dos casos, não passa de três anos.

Porém, muita gente estaciona nesse lugar. Fica presa em um modelo em que tudo gira em torno do próprio nome e acredita que está empreendendo, quando, na prática, só está trocando tempo por faturamento. Enquanto isso, a concorrência está construindo marca, estruturando equipe, automatizando processos, ganhando mercado e escala.

Se você está nessa fase, tudo bem. Você não está sozinho, vamos juntos nessa caminhada! Mas se não reconhecer isso e não decidir sair daí, a empresa vai viver um ciclo de esforço infinito, e não de crescimento sustentável. Porque uma coisa é trabalhar duro para crescer. Outra é trabalhar duro para não afundar.

OS TRÊS GIROS DA FASE "EU"

A fase "Eu" tende a se dividir em três etapas que comumente se confundem com os três primeiros anos do negócio. Cada uma tem seus desafios, suas armadilhas e ilusões. A questão é que a maioria dos empresários não enxerga essas divisões.

O início de tudo é quando você tem que ir ao mercado para vender o seu produto. Você precisa de uma identidade para estabelecer a sua diferença em relação aos seus concorrentes, e esse é o início da construção da sua marca. Então, nesse momento, se você ainda não tem um bom nome, um logotipo e um slogan, pare imediatamente o que estiver fazendo e se debruce sobre isso.

Quero aqui fazer analogia com o nascimento de um filho. Quando ele nasce, a primeira coisa que fazemos é dar um nome a ele, tirar uma foto e enviá-la para os parentes e amigos com uma frase do tipo "Meu anjo nasceu!". Ou seja, passamos meses pensando como seria o filho, qual nome seria o mais bonito e que frase usar para apresentá-lo ao mundo. Isso é exatamente o que você deve fazer com sua empresa: criar uma identidade para ela.

Para muitos, o primeiro ano parece uma grande vitória. Afinal, existe movimento, existe venda, existe certo entusiasmo ao ver que o produto começou a girar. Só que o que ninguém conta é que esse movimento não vem do mercado, vem do seu ecossistema. É tão somente a sua zona primária comprando. São os amigos, os familiares, os ex-colegas de trabalho, os vizinhos, a galera da academia ou da igreja – todos aqueles que fazem parte da sua rede pessoal e que, de alguma forma, querem prestigiá-lo. Compram porque gostam de você, porque querem apoiar a sua iniciativa, querem ver você dar certo. E, de verdade, isso é bonito. Faz parte, é esperado, e é bom que você tenha essa rede de apoio.

Mas esse primeiro giro é um presente com prazo de validade. O que sustenta a continuidade do negócio não é o vínculo afetivo, é a excelência do que você entrega. Se o seu produto não for acima da média, você não vai passar para a próxima fase.

Na fase 2, muita gente se perde. Acha que o negócio está indo bem, mas o que tem é apenas boa vontade alheia servindo de lastro. Quando chega o segundo ano, essa boa vontade começa a escassear. As pessoas que compraram para ajudar só voltam a comprar se forem, de fato, surpreendidas pelo que receberam. Se o lanche que o seu amigo pediu para apoiar o seu novo delivery chegou frio, mal-embalado e sem sabor, ele até pode dar mais uma chance. Mas não três! Na segunda, ele espera ser encantado. Se não for, não volta.

Esse é o segundo giro: o da recompra. E ela só acontece se o seu produto ou serviço tiver excelência ou tiver sido bom o suficiente para transformar o gesto de ajuda em hábito de consumo. Ou seja, se você não tiver colocado sua alma, sua entrega e seu cuidado máximo na primeira venda, não haverá uma segunda. Talvez consiga ali metade do movimento – algumas pessoas que ainda insistem em prestigiar mais uma vez a sua empreitada. Mas a curva já será descendente, porque agora o cliente, mesmo sendo seu amigo, já começa a agir como consumidor. E o consumidor avalia custo-benefício, qualidade, experiência e consistência.

O terceiro ano chega com o terceiro giro, e ele é o divisor de águas. Agora, ninguém mais está disposto a ajudá-lo. Quem estava por perto já fez a sua parte. Quem ama você já comprou. Quem acreditava já indicou. A partir daqui, é o mercado que passa a julgar a sua empresa. É o momento em que as pessoas começam a enxergar o negócio mesmo, e não mais "o amigo que está empreendendo". E, se você não tiver construído nada além da sua própria figura pessoal, se a marca não existir, se o produto não tiver excelência, você quebra.

Pode parecer duro dizer isto, mas é real: ninguém compra três vezes algo que não entrega valor. E o mercado não tem piedade de empresas medianas. Ou você é bom – de verdade – ou você é esquecido logo nos primeiros anos. Esse é o momento em que o empresário precisa ter atravessado as duas primeiras etapas superando expectativas, entregando com excelência e apresentando um resultado muito bom. É aqui que começa a real construção de marca. E é aqui que muita gente percebe, tarde demais, que não fez a lição de casa.

Se você está nesse momento, ou se ainda nem começou, o melhor é voltar um passo. Parar tudo mesmo. E fazer o que deveria ter feito lá no início, que é uma boa pesquisa de mercado. Estude a sua concorrência. Entenda o que os outros estão entregando. Observe quem está se saindo bem na sua área ou no seu segmento.

Se você quiser sair do território da zona primária e começar a caminhar rumo a uma marca sólida, precisa se posicionar acima da média. E isso não tem nada a ver com preço. Diferencial de preço é ilusão de curto prazo. Quem vai até você pela primeira vez, vai para ajudar. Quem volta, volta porque encontrou qualidade. E quem indica, faz isso porque confia.

Chegar nesse ponto exige que você entenda algo essencial: marca não é apenas um nome bonito. Marca é percepção. E, nesse estágio, você precisa começar a construir isso com intencionalidade. A sua marca gráfica, o logotipo do seu produto, tem que ser forte. Precisa aparecer em tudo: nas embalagens, no site, nas redes sociais, no WhatsApp, na bio do Instagram, no cartão de visitas, no uniforme etc.

Seu logotipo precisa ser reconhecível. Seu nome precisa dizer alguma coisa. E o seu slogan tem que contar ao mundo o que a sua empresa faz. Porque, nesse momento, a imagem sozinha ainda não fala por si. Ela requer legenda, contexto, tem de ser reforçada e repetida até ser lembrada espontaneamente.

É por isso que digo que, se você quiser passar para a próxima fase, tem que fazer marketing 360°, com foco total na construção da marca. Do contrário, o seu produto vai até girar no começo, mas vai parar assim que a sua zona primária deixar de comprar para ajudar. E aí não adianta reclamar do mercado. A verdade é que você só vai ser escolhido quando as pessoas souberem que você existe e acreditarem no que você entrega.

MEU DIA ZERO

Quando eu comecei a Naja, fiz diferente da maioria. No meu dia zero, antes de vender o primeiro kimono e a primeira luva de boxe, de fechar o primeiro pedido, antes mesmo de ter qualquer cliente, eu já tinha feito o que muitos deixam para depois – e que, por isso mesmo, acabam nunca fazendo direito: criei a minha marca. Foi muito além de um nome forte. Era uma ideia forte, com presença e identidade.

O nome Naja veio com força. Era direto, instigante, tinha personalidade. Mas eu sabia que isso não bastava. Desde o começo, deixei claro que não estava ali só para vender produtos de luta. Eu queria criar uma marca que personificasse uma mentalidade. Que fizesse o lutador se sentir representado, respeitado e pertencente a algo maior.

Por isso, criei também um slogan: "A primeira na mente e no coração dos lutadores". E esse slogan foi parar em todos os lugares.

Toda a comunicação visual levava o logo da Naja bem grande e, logo abaixo, essa frase que dizia exatamente o que a marca queria ser. Sacolas, embalagens, faixas promocionais, fôlderes, redes sociais... Onde pudesse, eu colocava os símbolos da marca. Não importava se era um simples panfleto ou uma caixa de envio de encomenda, o nome e o recado estavam lá sempre.

Eu sempre tive noção de que o que muitos consideram "detalhe", para mim é o que sustenta o todo. Eu sabia que marca se constrói na repetição, na presença constante e na comunicação alinhada com o público. Se alguém visse a marca sem saber o que ela vendia, o slogan estava ali para explicar. Se alguém visse o produto sem saber de onde vinha, o logo contava. E, com o tempo, aquela imagem foi se fixando na mente das pessoas. Não só como uma empresa de artigos de luta, mas como um símbolo de pertencimento para quem vivia nesse universo.

Eu não deixava espaço para dúvida. Porque uma coisa que aprendi, e que ensino hoje aos meus clientes, é que quanto mais a sua marca for reconhecida, menor será a sua disputa por preço. Marca forte não briga por preço, não entra em tabela, não vende commodity. Não precisa entrar na guerra do desconto. Quem tem marca reconhecida ganha pela confiança, pela memória afetiva e pelo valor que transmite.

E agora, se você chegou até aqui, quero propor um desafio prático: pare tudo o que você estiver fazendo agora e olhe com atenção para a sua comunicação. Abra o seu site. Veja as suas redes sociais. Olhe para a imagem do perfil de seu WhatsApp empresarial – e se você ainda não separou o WhatsApp pessoal do empresarial, faça isso agora mesmo. Repare na embalagem que você entrega, no cartão de visitas, na bio do Instagram. Agora, responda de bate-pronto, sem pensar muito: esses elementos trazem seu logo? Têm slogan? Trazem um nome claro? Estão dizendo ao mercado o que você faz, para quem é, por que a marca existe?

Se a resposta for não, ou se você hesitou por um segundo que seja, já sabe o que precisa fazer.

Nesse estágio, a imagem não fala sozinha. A marca ainda requer reforço e deve ser contextualizada com o mercado, estabelecendo uma conversa com o público-alvo. Ela precisa de exposição em todos os lugares onde esse público está.

O mercado não vai adivinhar. Ele só vai reconhecer o que for evidente. E evidência se constrói com estratégia, não com sorte.

★ ★ ★

O QUE SUSTENTA
A CONTINUIDADE DO
NEGÓCIO NÃO É O VÍNCULO
AFETIVO, É A EXCELÊNCIA
DO QUE VOCÊ ENTREGA.

★ ★

À PROVA DE NOCAUTE
@EDU_GRIMALDI

Se você quiser sair da fase do "Eu" e caminhar rumo a uma marca de verdade, comece agora a dar o recado certo em todos os canais, on-line e off-line. A consistência da marca precisa ser visível, audível e memorável. Porque é assim que ela começa a existir na mente do seu público. E só depois disso é que ela começa a existir, de fato, no mercado.

O RISCO DE PERMANECER TEMPO DE MAIS NO "EU"

O maior perigo da fase "Eu" não é estar nela, é ficar nela por muito tempo.

Muitos empresários acreditam que só porque estão vendendo, o negócio está indo bem. Mas vender sem marca é como correr sem saber a direção: cansa, desgasta, pode até parecer movimentado, mas não leva a lugar nenhum. E, depois de um tempo, a pessoa desiste ou o negócio acaba.

O que não falta são empresas de anos que nunca saíram desse estágio inicial. Estão operando há décadas e, ainda assim, continuam conhecidas apenas pelo nome do dono. Continuam vendendo por indicação pessoal e brigando por preço, porque nunca souberam construir e comunicar uma percepção de valor clara. O que falta? Marca. E quando falta marca, tudo vira commodity.

É fácil identificar esses casos. São as lojas com nomes genéricos, que não dizem nada com nada: "Confecções ME", "Moda Íntima da Sil", "Hamburgueria do Chicão", "Pipoca do Zé". Negócios que foram abertos sem nenhuma preocupação com identidade. Nomes que poderiam ser de qualquer um, de qualquer lugar, sem nenhuma história, sem diferencial, sem mensagem que se traduz em desejo de querer comprar. É por isso que esses pequenos empresários não têm sucesso na caminhada e acabam desistindo – seus negócios não comunicam valor, não constroem lembrança. Com o tempo, tornam-se irrelevantes. O mercado muda, surgem concorrentes mais modernos, mais conectados, e eles ficam para trás – não porque o produto é ruim, mas porque ninguém lembra deles.

Agora, talvez você esteja pensando: "Mas para construir uma marca, eu preciso de muito dinheiro, uma agência grande, equipe de marketing...". E eu lhe digo com toda a experiência de quem começou do zero: não precisa.

O que importa não é quanta verba você tem, é intenção e consistência. Não é contratar designers premiados e gastar demais no início; é colocar o nome certo, encontrar o logotipo que comunica a intenção da marca de maneira correta, e o slogan que posiciona o negócio em todos os pontos de contato possíveis.

Você pode ser pequeno e ainda assim ser lembrado. Pode estar vendendo marmitex no pote de sorvete e, mesmo assim, fazer branding. Basta que o rótulo tenha um nome claro, um logo visível e uma frase que diga o que você entrega e por que você existe.

Criatividade e ação são os ingredientes de quem quer se diferenciar desde o primeiro dia. E, claro, fazer o que eu chamo de marketing 360° na prática.

A marca deve estar presente em tudo: na embalagem, nas redes sociais, no site (mesmo que seja uma página simples), na assinatura do e-mail, na sacola, na estampa da camiseta, no banner da barraquinha. E precisa dizer claramente o que você faz, pois, no começo, a imagem ainda não fala por si só. Você tem que dar o recado ao mercado, o máximo possível, no on-line ou no off-line.

Para provar que isso é possível mesmo sem uma grande estrutura ou muito investimento, é só pensar no vendedor de salgadinho na praia. Aquele cara que poderia ser só mais um vendendo coxinha guardada na caixa de isopor, mas que escolhe fazer diferente. Ele se fantasia, coloca uma camiseta amarela com um nome diferente, apita três vezes para avisar que está por perto e se apresenta de modo marcante: "Olha a coxinha do Galetão!". Esse é só um exemplo fictício, mas serve para ilustrar que qualquer pessoa pode fazer algo assim.

O que um vendedor assim faz é branding puro. Ele tem um nome memorável, uma identidade visual na caixa de isopor (mesmo que improvisada), um tom de voz próprio, um jeito de entregar que se conecta com o público. As crianças passam a amar, os adultos comentam, os turistas fotografam. E ele passa a vender não apenas uma coxinha, mas a experiência de ter comido a tal coxinha do Galetão.

Nesse estágio, o empresário tem de entregar um superproduto, acima da média, para ser lembrado e indicado. E o marketing tem de andar de mãos dadas com o produto.

De novo, vou reforçar a ideia: você não precisa ser grande para ser marcante. Os elementos imprescindíveis são intenção, clareza e presença. Porque se o seu produto for excelente e sua marca for visível, você começa a ser lembrado. Quando é lembrado, começa a ser escolhido. Quando é escolhido, começa a crescer. E, quando cresce com marca, você não disputa por preço. Você disputa por valor. E valor, caro leitor, é o que constrói legado.

A PALAVRA-CHAVE É INTENÇÃO

Se você quiser mesmo construir uma marca sólida, precisa entender um princípio que diferencia empresários comuns de empresários acima da média: nada em uma marca pode ser escolhido por acaso. Absolutamente tudo – da cor do logotipo ao tom da legenda no Instagram, da embalagem ao jeito de falar com o cliente – precisa ter intenção.

Um exemplo que eu gosto de usar porque é fácil de visualizar, e que todo mundo conhece, é o McDonald's. Já reparou que tudo ali é pensado para que você entre, consuma rápido e vá embora?

As cores vermelho e amarelo não estão ali porque são alegres. Elas foram escolhidas porque são cromaticamente estimulantes e têm um efeito psicológico específico: aceleram o ritmo, despertam a fome e geram leve desconforto visual após um tempo de exposição. É por isso que, sem perceber, você se sente mais apressado quando está em um ambiente com essas cores vibrando ao redor.

E não para por aí. Os bancos são de plástico, sem muito conforto. As mesas são pequenas. Há certo barulho desconfortável no ambiente. Tudo é pensado para que o cliente faça o que se espera dele em um fast-food: peça seu lanche, coma rápido e vá embora.

Se o McDonald's tivesse cadeiras estofadas, cores neutras e música ambiente suave, ele deixaria de ser fast-food. Viraria café, bistrô, ponto de encontro, e aí o modelo de negócio seria outro, e talvez a marca não fosse o que é. As pessoas ficariam duas horas sentadas comendo um lanche de 15 reais. E esse tempo, naquele modelo, custa caro para o negócio.

A lógica aqui é simples: cada escolha visual, espacial e verbal comunica algo. Se você não está sendo intencional com essas escolhas, alguém está

★ ★ ★

VALOR É O QUE
CONSTRÓI LEGADO.

★ ★

À PROVA DE NOCAUTE
@EDU_GRIMALDI

sendo por você – provavelmente seu concorrente. É por isso que não cabe improviso na construção de uma marca. Marca se projeta. E, mesmo que você esteja começando agora, pode – e deve – fazer isso com o que tem em mãos.

Você pode estar vendendo pipoca na calçada. Mas pode escolher a cor da sua barraca, criar um nome fácil de lembrar, imprimir um slogan em um cartaz, embalar a pipoca com um rótulo criativo, usar uma frase de efeito ao atender cada cliente. Pode virar o "Pipoqueiro Poeta", a "Pipoca da Rua 7", a "Pipoca do Amor em Camadas". Enfim, pode ser diferente para ser lembrado.

O branding não é um luxo das grandes empresas, é uma necessidade de quem quer crescer. Quem entende isso desde cedo tem mais chances de se consolidar. Já quem ignora entra na fila do "mais do mesmo", e aí a única briga que sobra é a do preço. Só que ninguém constrói legado brigando por centavos.

CHECKLIST DO ESTÁGIO "EU"

Antes de seguir para o próximo capítulo, vale a pena fazer uma pausa honesta. Olhe para o seu negócio com coragem e responda, com sinceridade, se você ainda está no estágio "Eu". Não importa se sua empresa tem três meses ou trinta anos, o tempo de estrada não diz nada se você ainda não construiu uma marca de verdade, e você já sabe disso.

Use o checklist a seguir como termômetro. Quanto mais caixinhas você marcar, mais urgente é a sua transição.

- ☐ O cliente compra de você, mas não se lembra do nome da sua marca.
- ☐ A maioria dos seus clientes ainda é da sua rede pessoal (família, amigos, conhecidos).
- ☐ Você ainda faz tudo na empresa e, quando não está presente, nada funciona.
- ☐ Seu produto não tem embalagem com logo, nome ou slogan visível.
- ☐ Suas redes sociais falam mais sobre você do que sobre a marca.
- ☐ Você ainda não tem um logotipo forte nem um slogan que explique o que você faz.

- [ ] Seu site, se existe, não comunica claramente sua proposta de valor.
- [ ] Você sente que precisa dar desconto para vender.
- [ ] Quando alguém elogia seu trabalho, o elogio é sempre para você, e não para o que a sua marca representa.

Se você marcou ao menos três respostas, atenção: você está travado no primeiro estágio. Ainda é o "Eu" tentando segurar tudo. E, mais cedo ou mais tarde, isso vai cobrar um preço físico, emocional ou financeiro de você.

Mas há um caminho. Como eu já disse, ele começa com intenção, consistência e decisão. A boa notícia é que você já começou a transformação: está aqui, lendo, refletindo, se provocando. Isso já coloca você à frente de muitos. Já mostra que você quer estar acima da média.

O próximo passo é sair da invisibilidade e começar a projetar uma marca que vá além do seu nome. Uma marca que comece a andar com as próprias pernas, que seja lembrada pelas pessoas, recomendada pelo produto e reconhecida pela comunicação. Uma marca que carregue a sua essência, mas que não dependa mais exclusivamente de você para existir.

Esse é o segundo estágio da jornada: o Eu-Marca. E é sobre ele que vamos falar a seguir.

5.

O SEGUNDO ESTÁGIO: "EU-MARCA"

Agora que você chegou até aqui, já entendeu que o estágio do "Eu" não é um lugar onde se deve permanecer por muito tempo. A partir deste momento, vamos deixar para lá o nosso concorrente, porque se você chegou nessa fase é porque já demonstrou ser um lutador faixa preta e acima da média! Afinal, não dá para viver eternamente na fase de preparação. Chega uma hora em que a luta precisa começar de verdade e, se você não subir de categoria, vai continuar apanhando de adversários que estão em outro nível.

Este capítulo marca o início dessa virada. É aqui que a sua empresa começa a deixar de ser apenas você e dá os primeiros passos para se tornar uma marca. A diferença pode parecer sutil, mas, na prática, é gigantesca.

Na fase anterior, as pessoas compravam o que você vendia porque confiavam em *você*. Seu cliente era o seu primo, o seu vizinho ou o colega da academia. A sua zona primária segurava as pontas e dava um incentivo para a sua jornada empreendedora. Agora, as coisas começam a mudar. As indicações aumentam porque as pessoas passam a comentar sobre o seu produto sem necessariamente mencionar o seu nome. É assim que a marca começa a nascer.

Porém, atenção: essa transição não acontece de maneira automática. Ela exige consciência, estrutura e, principalmente, humildade. E muitos empresários travam justamente nesse ponto: com as vendas aumentando, eles se empolgam, mas continuam centralizando tudo e deixam o bichinho da vaidade se estabelecer. Acham que crescer é só vender mais. E aí, o que era para ser o início de uma nova etapa se transforma em um campo minado de sobrecarga e decisões ruins.

Essa fase é muito traiçoeira, por isso preste bastante atenção a este capítulo. É uma etapa que parece um prêmio por ter vencido a fase anterior, só que, na verdade, é um grande teste. É quando o mercado começa a levar você a sério – e você precisa mostrar que leva a sua empresa a sério também.

Existem algumas alternativas: ou você profissionaliza seu negócio nessa fase, ou paralisa; ou cresce com inteligência, ou implode pelo excesso de esforço.

O QUE É UMA "EU-MARCA"

A primeira pista de que você saiu do estágio do "Eu" e entrou na fase "Eu-Marca" não está no faturamento. Está na fala do cliente.

Quando as pessoas começam a dizer que o produto é da sua marca, e não mais mencionar primeiro o seu nome, algo essencial teve início: a marca começou a existir fora de você.

Foi exatamente isso que vivi com a Naja. No início, todo mundo comprava porque era "a luva do Edu". As pessoas me conheciam, sabiam da minha história no esporte, queriam apoiar o que eu estava construindo. Compravam por minha causa. Mas chegou um momento em que as pessoas começaram a falar: "A luva da Naja é muito boa, procura na Centauro, que lá tem".

Esse é o sinal mais claro de que você entrou no segundo estágio da metodologia GHP. Sua marca começou a circular, passou a ser falada e lembrada. E ela está chegando em lugares onde você nem esteve pessoalmente.

Nessa etapa, os produtos começam a se sustentar por mérito próprio – se forem bons, é claro! Eles passaram pela fase de testes da primeira etapa, e agora a qualidade é comprovada. Se têm preço justo (o que não significa caro ou barato, mas atrelado ao valor intangível do que se entrega), geram recompra e ganham o boca a boca. O seu primeiro cliente direto começa, então, a indicar para os amigos, e os amigos dele começam a comprar, mesmo sem conhecer você.

Você ainda está no centro das operações, é verdade. Ainda toma as decisões principais. Mas já sente que o nome da empresa não está mais tão associado ao seu. Sua marca ainda é um reflexo seu, mas já começa a ter identidade própria.

E isso é bom. Muito bom! Mas também perigoso demais, se você não souber conduzir esse crescimento com a estrutura certa. Muitos empresários confundem esse momento com sucesso consolidado. Acreditam que basta continuar vendendo mais, e tudo se resolve.

Só que vender mais sem estrutura é como um lutador que ganha força, mas não tem técnica. Ele até assusta o oponente no primeiro round. Porém, logo cansa e aí, só apanha.

O maior desafio dessa fase não é vender. É sustentar o crescimento. É perceber que, se o raio de alcance aumentou, a musculatura da empresa também precisa aumentar. Mais gente perguntando onde comprar, mais canais sendo abertos, mais produtos sendo entregues, tudo isso exige mais do que esforço: exige gestão.

Neste ponto da jornada, você precisa começar a pensar como empresa, e não mais apenas como empreendedor. É aqui que tem início a separação entre o empresário amador e o dono de negócio profissional. E é aqui também que muita gente se perde.

O RISCO DA VAIDADE E A ILUSÃO DO CONTROLE

Vender bastante pode ser perigoso. Calma, vou explicar. Não estou dizendo que aumentar o volume de vendas seja ruim, mas é preciso ter cautela, porque quando as vendas acontecem muito rapidamente, essa realidade ativa, de maneira silenciosa, um adversário interno traiçoeiro: a vaidade.

Quando você começa a vender para quem não conhece a sua história, quando as indicações aumentam e a demanda dispara, é natural sentir orgulho. Você olha e pensa: *Isso está funcionando, eu consegui. Olha como sou bom nisso!* E é aí que mora o risco.

Quanto mais você vende, mais acredita que consegue seguir sozinho, mais acredita que não precisa mudar nada, mais confia que tudo o que levou você até aquele ponto vai levá-lo adiante. E isso, na maioria das vezes, não é verdade. Essa é a fase em que as pequenas vitórias viram armadilhas.

★ ★ ★

O MAIOR DESAFIO
DESSA FASE NÃO É
VENDER. É SUSTENTAR
O CRESCIMENTO.

★ ★

À PROVA DE NOCAUTE
@EDU_GRIMALDI

Você venceu o primeiro round e acha que não precisa mudar de estratégia para o segundo. Quando percebe, está lutando exausto, sem uma técnica nova para o momento inédito, cercado por adversários que estão muito mais bem-preparados.

Foi o que aconteceu comigo por um tempo.

A Naja começou a crescer, as vendas aumentaram, a marca passou a circular. E eu, empolgado com os resultados, achei que podia tocar tudo no mesmo estilo de sempre – no braço, na garra, do meu jeito. Decidi expandir a fábrica, porque as vendas estavam indo muito bem. E é natural, é preciso mesmo se preparar para crescer. Só que hoje eu entendo que, se eu tivesse contratado primeiro um gerente industrial em vez de mais braços para tocar o operacional, eu teria crescido sem tanto sofrimento, com mais lucro e margem.

O resultado de não ter feito essa escolha eu já adiantei no capítulo 1: acabei montando uma fábrica vertical, ocupando quatro andares de um prédio, com a mesa de corte lá no último andar. Um executivo de operações teria me poupado dessa escolha e me ajudado a crescer de modo mais sensato.

Talvez você esteja dizendo aí, do outro lado: "Mas eu não tenho dinheiro para bancar um executivo, um diretor". Convido você a pensar diferente: pense que talvez você não tenha dinheiro para continuar errando sem ele. Porque, acredite em mim, erros de gestão custam mais caro que um bom profissional ao seu lado.

A verdade é que o profissional que você evita contratar por achar caro é, muitas vezes, o que vai fazer sua empresa baratear custos e dar o salto. Ele vai cortar desperdícios, enxugar processos, organizar os fluxos e fazer você lucrar mais, gastando menos.

Ainda não tem caixa para um cargo fixo de alto escalão? Comece terceirizando. Procure uma agência de branding, uma consultoria estratégica, um time de marketing que já atenda outras empresas e possa dividir a inteligência com você por um valor mensal viável. É mais barato e muito mais interessante do que seguir tentando improvisar tudo sozinho.

Você não deve olhar para bons profissionais como "gastos". Eles são investimentos. E investimento bom é aquele que se paga e ainda faz sobrar.

Esse é o momento de parar de repetir "Eu dou conta" e começar a se perguntar: "Quem pode fazer isso melhor do que eu e me fazer chegar mais longe?".

Eu aprendi ao longo do caminho que a chave do sucesso de empresas fortes com marcas também fortes está na junção dos perfis empresário e executivo. O empresário acima da média é o que enxerga que nesse momento precisa contratar excelentes executivos, pois eles, em sua grande maioria, têm muito mais conhecimento técnico do que o empresário. Vão trazer resultados e, por isso, não representam despesa, e sim receita. Ou seja, além de eles "pagarem o próprio salário", geram mais lucro.

Se olharmos para algumas empresas com marcas fortes e que hoje já têm mais de cem anos de fundação, veremos que elas não estão mais nas mãos do fundador, e sim dos executivos. O que faz com que isso se torne realidade é a criação de uma marca sólida, cujo DNA contém os valores e a missão da empresa.

A VIRADA DEPENDE DAS PESSOAS CERTAS

Quando Jim Collins, autor de *Empresas feitas para vencer*, estudou o que separava as empresas boas das empresas verdadeiramente extraordinárias, não buscou respostas em opiniões ou achismos. Ele liderou uma pesquisa rigorosa, que durou cinco anos, com uma equipe de 21 pessoas, analisando 1.435 empresas para entender por que apenas onze delas haviam conseguido dar o salto de "boas" para "excelentes" e sustentar esse desempenho por pelo menos quinze anos consecutivos.

Uma das descobertas mais impactantes da pesquisa foi a seguinte: as empresas que deram esse salto começaram colocando as pessoas certas nos lugares certos e tirando as erradas dos lugares errados.

> *"Os líderes das empresas 'feitas para vencer' compreenderam três verdades simples. A primeira: se você começa com 'quem', e não com 'o quê', pode se adaptar facilmente a um mundo em constante mudança. Se as pessoas sobem no barco em função de para onde ele*

está indo, o que acontece se você navega umas dez milhas e precisa mudar o rumo? Passa a ter um problema. Mas se as pessoas estão no barco por causa de outras que também estão lá, é bem mais fácil mudar a rota. 'Ei, eu entrei nesse barco por causa das outras pessoas que também estão aqui; então, se precisarmos mudar o rumo para ter mais sucesso, por mim tudo bem'. A segunda: se você tem as pessoas certas no barco, o problema de motivar e gerenciar pessoas praticamente deixa de existir. As pessoas certas não precisam ser excessivamente gerenciadas ou estimuladas; elas se automotivarão pelo impulso interior de produzir os melhores resultados e ser parte da criação de algo grande. A terceira: se você tem as pessoas erradas, não importa se você descobriu a direção certa; mesmo assim, não terá uma empresa excelente. Uma grande visão sem grandes pessoas é irrelevante."[11]

Em outras palavras, antes de pensarem no "para onde vamos", essas empresas pensaram em "quem vai com a gente".

Collins mostra que não é a quantidade de pessoas que muda o jogo, e sim a qualidade da liderança. Um dos conceitos mais marcantes do livro é o da liderança nível 5, que engloba o tipo de líder que constrói uma empresa excelente com base em duas características simultâneas: humildade pessoal e determinação profissional feroz.

> *"Os líderes das empresas que trilharam o caminho da excelência jamais almejaram ser heróis universais. Nunca aspiraram a ser colocados em um pedestal ou a se tornar ícones inatingíveis. Eram pessoas comuns na maneira de ser, que produziam em silêncio resultados extraordinários."*[12]

---

[11] COLLINS, J. **Empresas feitas para vencer**: por que algumas empresas alcançam a excelência... e outras não. Rio de Janeiro: HSM Editora, 2009. p. 54.

[12] *Idem*. p. 42.

Eles não têm necessidade de ser estrelas, de centralizar tudo ou de parecer insubstituíveis. Pelo contrário: eles entendem que o sucesso sustentável só acontece quando a empresa não depende mais exclusivamente deles. Soa familiar?

Esse é exatamente o ponto onde muitos travam no estágio Eu-Marca. A vaidade grita mais alto que a visão. O medo de dividir o comando fala mais alto do que a vontade de crescer com solidez. E isso é um problema porque, quando o líder centraliza demais, a empresa trava no crescimento. Quando ele erra na contratação, o prejuízo é estratégico. As pessoas certas criam culturas fortes, e culturas fortes constroem empresas perenes.

Por isso, se você está no estágio Eu-Marca, o maior investimento que pode fazer agora é em gente boa ao seu lado. E se ainda não pode contratar um executivo, comece, como já disse, por uma agência de branding, uma consultoria que traga visão de fora e ajude a organizar o que você está construindo. Afinal, a pergunta certa não é "Como escalo o meu negócio?". A pergunta certa é "Com quem escalo o meu negócio da forma mais inteligente possível?".

Se você errar nesse ponto, pode até crescer por um tempo, mas a empresa vai se desgastar com os anos. Agora, se acertar nas pessoas, não existe limite para onde sua empresa pode chegar.

AS QUATRO BOLAS DE VIDRO

Quando a empresa começa a crescer, a gente comemora. E tem que comemorar mesmo. Ver as vendas aumentando, a marca começando a ser reconhecida, os pedidos chegando de todos os lados... Isso tudo é muito bom.

O problema é que, nesse momento, muitos empresários – e eu falo com a experiência de quem passou por isso – começam a priorizar o trabalho em detrimento de outras esferas da vida, sem planejamento. E isso também impacta o sucesso dos negócios.

Conhece a analogia das bolas de vidro e de borracha? Ela é atribuída a Brian Dyson, ex-CEO da Coca-Cola Company, e diz o seguinte: imagine que a vida é um jogo de cinco bolas que você manipula no ar, tentando não deixar nenhuma delas cair. Uma é de borracha, e as outras são de vidro.

AS PESSOAS CERTAS CRIAM CULTURAS FORTES, E CULTURAS FORTES CONSTROEM EMPRESAS PERENES.

À PROVA DE NOCAUTE
@EDU_GRIMALDI

As cinco bolas são: trabalho, família, saúde, amigos e alma.

Não vai demorar muito para perceber que o trabalho é uma bola de borracha, já que, sempre que cai, pode voltar à mão sem se quebrar; ao passo que as demais bolas são de vidro e, portanto, se caírem, jamais voltarão ao estado anterior. Serão danificadas, feridas, rachadas ou até mesmo despedaçadas. É importante estar ciente disso o mais cedo possível e adaptar a vida adequadamente.

Por certo tempo, eu coloquei o trabalho – a bola de borracha – acima das bolas de vidro. Deixei de viver momentos que não voltam mais. E paguei caro.

Lembro até hoje da viagem que fiz para a Disney com a minha filha. Ela ainda acreditava em princesas, tinha apenas 6 anos, estava no auge da fantasia. Eu tinha conseguido juntar algum dinheiro, a empresa estava indo bem, e a levei para viver aquele sonho. Só que, durante a viagem, eu não estava lá de verdade. Sim, eu viajei com ela e minha esposa, e estava lá fisicamente, mas não emocionalmente. Passei a maior parte do tempo pendurado no celular ou no computador, respondendo e-mails, resolvendo problemas, organizando pendências. Quando a minha princesa queria tomar café com a Cinderela, eu estava preso no notebook, apagando incêndios.

Anos depois, quando vi as fotos daquela viagem, fui tomado por uma emoção forte, uma tristeza que não desejo a ninguém. Percebi que tinha visitado a Disney... só que não tinha vivido a Disney com a minha filha. E esse momento perdido nunca será recuperado.

Na mesma época, eu já estava lidando com lesões acumuladas porque deixei de atuar profissionalmente com as lutas, mas nunca deixei de treinar forte. Passei anos ignorando dores, evitando exames, adiando check-ups. Eu negligenciei a minha outra bola de vidro, a saúde, até que meu corpo falou mais alto. Tive complicações sérias e acabei internado. Aquela foi a minha segunda vez na UTI, algo que poderia ter sido evitado.

Essa fase do Eu-Marca exige decisões importantes. Uma delas é reconhecer que o trabalho é importante, sim – mas não é tudo. O trabalho é a bola de borracha: se cair, quica, pula, volta, não quebra. Mas a saúde, a família, os amigos e a espiritualidade, essas são de vidro. Se caírem, quebram. E, em muitos casos, não há conserto.

Quando você escolhe cuidar apenas da empresa, pode estar deixando de lado as únicas coisas impossíveis de reconstruir. Por isso, além de cuidar da estrutura da empresa, é nesse momento que você também precisa cuidar da estrutura da sua vida. E uma das decisões mais inteligentes que você pode tomar nessa fase é começar a investir de verdade no que vai sustentar o crescimento da sua marca: um branding estratégico.

Muita gente ainda acha que branding é "coisa de empresa grande", mas eu digo a você: branding é o que permite que uma empresa pequena cresça com saúde e consistência. Foi exatamente isso que fez o Caito Maia, fundador da famosa marca de óculos Chilli Beans.

Tive o privilégio de tomar um café da manhã com ele e outros empresários e o ouvi contar que, desde o início, contratou uma agência de branding. Caito não esperou a marca crescer para se posicionar. Não esperou ficar grande para aprender a comunicar bem. Fez isso desde o começo e segue até hoje com a mesma agência.

O resultado? Provavelmente você já conhece. A Chilli Beans é um fenômeno. Não é só uma loja de óculos, é uma marca gigantesca. Tem identidade, atitude, um posicionamento claro e forte no mercado. E isso não veio por acaso, veio de intencionalidade e estratégia.

É exatamente esta a virada que você precisa fazer agora: deixar de vender produto e começar a vender marca. Porque a marca gera desejo, e o desejo permite que você descole o preço do mercado. Quando a sua marca é forte, você não entra na guerra de centavos, e sim cria valor e se torna referência.

Contudo, não se esqueça de que o branding precisa caminhar com o marketing. Branding é a fundação, o posicionamento, a alma do negócio. Marketing é o movimento, a campanha, a execução. Um sem o outro não sustenta o crescimento, porque branding sem marketing é como uma marca bonita, mas escondida, e marketing sem branding é barulho vazio. A combinação dos dois é o que leva sua empresa para a próxima fase da jornada: quando o mercado compra não porque você está à frente do negócio, mas porque confia na sua marca. É aí que tudo começa a mudar.

BRANDING É O QUE PERMITE QUE UMA EMPRESA PEQUENA CRESÇA COM SAÚDE E CONSISTÊNCIA.

À PROVA DE NOCAUTE
@EDU_GRIMALDI

VOCÊ JÁ VIROU A CHAVE?

Talvez você tenha começado a ler este capítulo achando que já tinha superado essa fase e estava em um ponto, digamos, mais avançado da jornada de construir uma marca. Porém, talvez agora esteja começando a perceber que não virou a chave de verdade.

Relembrando: o fundamento do estágio Eu-Marca não é vender mais. É sustentar esse crescimento com estrutura e estratégia. Não é ter uma marca conhecida entre os amigos. É fazer essa marca ser reconhecida por quem você nunca viu na vida. É parar de correr à frente do negócio e começar a construir um time que leve o negócio adiante. É parar de operar como dono de tudo e começar a pensar como líder de um projeto maior do que você.

Agora, responda com sinceridade: independentemente do faturamento e de quantos anos tem a sua empresa, ela ainda depende 100% de você? O seu nome ainda é mais forte do que o nome da sua marca? Você ainda fecha os olhos para a ideia de contratar profissionais melhores do que você? Ainda acha que branding é gasto, em vez de investimento? Ainda acha que dá para crescer só na força bruta?

Se respondeu "sim" para uma ou mais dessas perguntas, a verdade é que você ainda está travado nessa fase. E quanto mais tempo demorar para admitir isso, mais caro vai pagar por essa resistência. Pare um pouco, reflita sobre seu momento atual e entenda onde você está. Só assim será possível avançar.

Para ajudar nessa reflexão, deixo aqui um exercício.

EXERCÍCIO: O ESPELHO DA VIRADA

Reserve alguns minutos na sua agenda, pegue um caderno ou abra uma nota no celular, e responda com honestidade às perguntas a seguir. Não existe certo ou errado, o que há é o espelho da realidade, que você talvez esteja evitando enxergar.

1. Minha empresa ainda depende de mim para tudo?
   - [ ] Sim.
   - [ ] Em parte.
   - [ ] Não.

2. Se eu sumisse por um mês, a empresa continuaria operando com qualidade?
   - [ ] Sim.
   - [ ] Não.
   - [ ] Não sei.

3. Se alguém perguntar o que a minha empresa faz, a resposta é clara, forte e memorável?
   - [ ] Sim.
   - [ ] Não.
   - [ ] Mais ou menos.

4. O que me impede de delegar tarefas importantes?

____

____

____

5. Quais áreas da empresa eu continuo centralizando?

____

____

____

6. Qual decisão estratégica estou adiando por medo, vaidade ou controle?

____

____

____

7. Quem eu preciso trazer para o meu time agora para dar o próximo passo?

8. O que a minha marca representa hoje para o mercado? (Seja objetivo.)

9. Em **uma frase**, o que eu quero que minha marca represente nos próximos dois anos?

10. Compromisso pessoal:
Escreva, com suas palavras, o compromisso que você assume com sua marca a partir de agora. Seja direto, honesto e firme.

Faça esse exercício agora. E daqui a seis meses, volte às respostas. Veja o quanto você avançou ou o quanto ainda está estagnado. Só há um jeito de sair da média: assumindo a responsabilidade de se tornar uma marca acima da média.

6.

O TERCEIRO ESTÁGIO: "MARCA-EU"

Há um momento na carreira de todo lutador em que ele per-cebe que a situação mudou. O foco já não é mais quantos socos consegue dar ou quantas quedas e derrotas consegue evitar. É se ele consegue ser estratégico o tempo todo, saber quando entrar no ringue e, mais importante ainda, se sabe a hora certa de sair. No mundo dos negócios, essa virada acontece exatamente do mesmo jeito. E, se você tiver se reconhecido no estágio do capítulo anterior, está prestes a passar por essa virada também.

O estágio "Marca-Eu" é o momento em que você deixa de lutar pela sua marca, e ela começa a lutar por você. A marca rouba a cena, ocupa o centro do tatame e se torna reconhecida por conta própria. Isso muda absolutamente tudo!

Até a fase anterior, você era o protagonista absoluto. Toda a operação passava pelas suas mãos, o seu nome ainda era mais conhecido que o da sua empresa (embora no segundo estágio isso já não fosse tão relevante), e as vendas ainda carregavam seu DNA. Mesmo com a identidade da marca começando a tomar forma, você ainda era o comandante visível, o lutador que conduzia o combate do começo ao fim.

Agora, as coisas mudam de posição.

É nesse estágio que você começa a deixar de ser o lutador principal para se tornar o técnico de uma equipe. A marca assume o lugar de destaque, e você fica em segundo plano. Mas, acalme o seu ego, isso não é ruim! Você começa a operar nos bastidores, construindo estratégia, gerenciando os treinos e formando o time que vai sustentar o crescimento da empresa daqui para a frente.

Um ponto de atenção: essa mudança não acontece da noite para o dia, tampouco é automática. Ela exige uma mentalidade nova, ainda mais madura. Aqui, o ego precisa dar lugar à visão. Sabe por quê? Porque se você insistir em permanecer no centro do negócio, vai se tornar o principal bloqueio da sua própria evolução.

Nesse estágio, a sua marca ganha um fôlego descomunal. Ela começa a ser lembrada e desejada por pessoas que nunca ouviram falar da sua pessoa. O seu nome já não é mais o ponto de partida, é o da marca que aparece primeiro. Os clientes buscam seus produtos por identificação com o que a marca representa, não mais pela proximidade com você.

Essa é a maior virada. É quando o negócio deixa de ser um reflexo seu e passa a ser uma entidade viva, pulsante, que conversa com o mercado de igual para igual.

Isso não significa que você vai se afastar completamente, apenas mudará de posição. Vai deixar de ser o centro da operação e começar a ser o cérebro por trás da expansão. Aquele que, mesmo fora da luta, dá a direção do combate.

É aqui que a empresa começa a escalar de verdade, porque não depende mais exclusivamente do seu tempo, da sua presença e da sua voz de modo constante. Ela já tem uma comunicação própria e um posicionamento claro e reconhecido no mercado.

Porém, tudo isso só acontece se você tiver feito a lição de casa nos estágios anteriores. Só chega à fase "Marca-Eu" quem teve humildade para estruturar, coragem para delegar e visão para construir algo maior do que si mesmo.

Agora, a principal pergunta é: será que você já está pronto para deixar a marca lutar por você?

QUANDO A MARCA FALA MAIS ALTO

Existe um momento na jornada de qualquer empresa em que algo curioso começa a acontecer: o telefone toca, os pedidos chegam, as menções nas redes sociais aumentam, mas quem está do outro lado não sabe nem o seu nome. E isso, meu amigo, é um excelente sinal!

É quando a marca começa a falar mais alto que o dono. Agora, ela deixa de ser uma extensão da sua imagem e passa a ser uma entidade, um organismo, com vida própria. O seu nome, por mais forte que seja, já não é mais o principal motivo da compra, e é a marca que atrai o consumidor. É ela que "se vende", não mais você.

Foi exatamente isso que aconteceu comigo e com a Naja. No começo, todo mundo comprava porque era "a luva do Edu", como eu disse no capítulo anterior. Eu era reconhecido, tinha uma história no esporte, e as pessoas queriam comprar da marca do cara da TV.

Mas chegou um momento em que não associavam mais a Naja a mim. Muita gente nem sabia quem eu era. E quer saber? Foi aí que percebi que a minha marca tinha nascido de verdade.

Este é o divisor de águas: quando a marca começa a se sustentar sozinha. Ela não precisa mais da sua apresentação, da sua explicação nem da sua mediação. Ela é lembrada espontaneamente e, mais que isso, é desejada.

Uma coisa é alguém comprar seu produto porque confia em você. Outra, bem diferente, é a pessoa sair de casa determinada a encontrar a *sua marca*, porque ela foi capaz de gerar desejo de compra, sem a sua interferência direta.

Desejo é o que separa uma marca comum de uma marca valiosa. É o que permite sair da briga por preço com seus concorrentes. Se o cliente procura a marca, não está buscando o produto ou serviço mais barato, mas o que representa maior valor. E valor, como você já entendeu, não se mede em reais, mas em percepção.

Quando uma marca chega nesse estágio, você pode – e deve – subir suas margens. Mas, veja bem, não é para sair comprando carro, casa e *jet ski*... Esse incremento no resultado precisa virar combustível para a próxima etapa da jornada: o reinvestimento em posicionamento, marketing e expansão.

Aqui entra outro ponto crucial: não confunda desejo com volume de vendas. Vender muito não quer dizer que sua marca é desejada. Uma empresa pode vender horrores por preço baixo, por meio de uma distribuição agressiva ou campanhas pontuais. Mas só o desejo garante recompra, fidelização, lucro e margem sustentável.

Por isso, é bom entender que o desejo começa a se formar quando o cliente se vê refletido na sua marca. Ele sente que ela representa tudo em que ele acredita e, por isso, a marca deixa de ser só um nome para virar um símbolo de algo maior, como status, poder, liberdade, aventura...

Nesse estágio, você precisa se perguntar:

- As pessoas compram de mim ou da minha marca?
- Se eu sumisse hoje, a empresa continuaria vendendo?
- A marca já circula em ambientes nos quais eu nunca estive?

Se a resposta for "sim" para pelo menos uma dessas perguntas, parabéns: a sua marca começou a lutar sozinha. Mas se ainda é você quem segura todas as pontas, aprova as decisões, fecha ou revisa todos os contratos, então, por mais conhecida que pareça, a sua marca ainda não é soberana.

De novo, vou repetir porque isso é importante: o seu ego precisa dar lugar à estrutura. A verdadeira força de uma marca aparece quando o dono pode sair de cena e, ainda assim, o negócio continua funcionando do mesmo jeito.

EXPANDIR SEM SE PERDER

Quando a marca começa a ser reconhecida pelo mercado, é natural que venha junto uma grande vontade do dono do negócio: expandir. Mas o que isso significa de fato?

Existem várias formas de expandir uma marca. Você pode criar linhas de produtos ou novas categorias, buscar novos públicos ou implementar assinaturas. O essencial é fazer a marca aparecer em novos contextos. No campo do branding, essa possibilidade tem um nome técnico bem sugestivo: elasticidade de marca.

Para ficar mais claro, entenda que elasticidade de marca é a capacidade que uma marca tem de se estender para outros mercados, produtos ou segmentos, mantendo a coerência com a sua essência e fortalecendo o seu posicionamento. É quando você deixa de vender só o que produz e passa a representar um estilo, um universo, uma identidade – e isso se expande como um elástico para novos contextos, vendendo mais e para mais gente.

Porém, elasticidade mal pensada é um dos caminhos mais rápidos para a perda de valor da marca. Quer ver um exemplo bem... digamos... inusitado?

Na década de 1980, a Colgate – marca renomada que você conhece e com certeza associa a creme dental – decidiu que era hora de promover elasticidade de marca e resolveu entrar na área de alimentos.[13] Sim, alimentos!

A ideia era convencer os clientes a associarem a marca à boa alimentação e, para isso, lançou uma linha de produtos congelados, inclusive lasanhas. Foi um fiasco. Quem vê a marca Colgate pensa logo em frescor bucal (algo que a marca sempre comunicou), e não em molho de tomate com queijo derretido por cima. O movimento foi arriscado e malfeito, tanto que o público não engoliu.

A lasanha foi retirada do mercado sem demora e, por isso, o estrago não foi tão grande para a empresa. Mas até hoje essa história é lembrada como um dos piores erros de branding do século. A ponto de o case ser um dos mais emblemáticos do Museu do Fracasso, na Suécia.

E por que será que a lasanha da Colgate não deu certo? Pois, por mais forte que a Colgate seja como marca de higiene bucal, quando ela aparece em uma gôndola de supermercado oferecendo comida, o cérebro do consumidor trava. Faltou coerência na estratégia, e coerência é tudo.

Por outro lado, pense na Coca-Cola. Além do refrigerante, a marca já lançou roupas, perfumes e acessórios. E ninguém estranha. Isso, porque o marketing da Coca-Cola sempre construiu a marca para representar um estilo de vida vibrante, alegre e universal, para jovens e famílias. Uma camiseta estampada com o logo da Coca é vista como descolada. Ela conversa com a essência da marca, sem causar nenhum estranhamento.

Elasticidade de marca só funciona quando a nova categoria reforça, e nunca distorce, o território da marca. Foi o que eu fiz com a Naja quando cheguei à fase "Marca-Eu".

---

[13] ARRUDA, G. Jogo de Trump, lasanha da Colgate: o que tem no Museu do Fracasso da Suécia. **Tilt UOL**, 15 fev. 2025. Disponível em: https://www.uol.com.br/tilt/noticias/redacao/2025/02/15/museu-do-fracasso.htm. Acesso em: 28 maio 2025.

A VERDADEIRA FORÇA DE UMA MARCA APARECE QUANDO O DONO PODE SAIR DE CENA E, AINDA ASSIM, O NEGÓCIO CONTINUA FUNCIONANDO DO MESMO JEITO.

À PROVA DE NOCAUTE
@EDU_GRIMALDI

Quando percebi que a marca já era reconhecida, comecei a expandi-la para produtos que eu não conseguia fabricar internamente. Licenciei para outras empresas algumas categorias como papelaria, brinquedos, mochilas e produtos de cuidados capilares. Tudo com lógica e coerência.

Por exemplo, entrei no universo dos brinquedos licenciando uma versão do Beyblade – aquele brinquedo de batalha com peões estilizados – em que a arena era um ringue. E deu certo porque o formato e a narrativa tinham tudo a ver com o universo das lutas. Era uma forma de até as crianças entrarem para a "tribo" Naja antes mesmo de calçar a primeira luva.

A marca também entrou no mercado de cosméticos masculinos com shampoo, condicionador e espuma de barbear. Esses produtos falavam com o mesmo público que já usava os produtos tradicionais da marca nos treinos. Então, levei a marca do centro da academia para o banheiro. E isso ajudou a Naja a virar estilo de vida.

Com tudo isso, eu não estava "só" vendendo luvas, estava vendendo uma identidade, um status social. E foi essa identidade que me permitiu crescer em várias direções sem perder a coerência.

Antes de tomar qualquer decisão sobre expansão de marca, lembre-se: você só deve fazer isso se for para reforçar a narrativa da sua marca. Por isso, antes de abrir novas frentes de negócio, faça estas três perguntas:

1. Esse novo produto ou serviço tem conexão com o universo da minha marca?
2. Ele vai reforçar a percepção que quero construir ou pode confundir o público?
3. Estou expandindo com estratégia ou só por empolgação com o faturamento?

Crescer por ganância ou vaidade pode custar caro. Mas crescer com estratégia e coerência transforma a marca em um ícone do mercado. E é isso que permite que a sua marca dure por décadas, adapte-se ao mercado e ganhe escala com inteligência.

ELASTICIDADE DE MARCA: ATÉ ONDE SUA MARCA PODE IR?

Responda aqui e agora:

- Se você fosse licenciar sua marca hoje, para quais categorias faria sentido ir?

- Quais produtos reforçariam a identidade da sua marca?

- Que tipo de parceria faria sentido como co-branding?

E o mais importante:

- Qual produto a sua marca nunca deveria lançar?

O RECONHECIMENTO DA MARCA

Nesse estágio da jornada da sua marca, você não pode mais trabalhar com base no achismo. Você já cresceu o suficiente, já demonstrou excelência na entrega, nos produtos ou serviços, e já conseguiu chegar ao terceiro estágio. Agora é a hora de confrontar todo esse sucesso com os números. Você precisa conhecer o percentual de reconhecimento espontâneo da sua marca.

A regra é clara: se ninguém conhece, ninguém deseja. E se ninguém deseja sua marca, você ainda está lutando no escuro, mesmo que esteja achando que já passou de fase.

Eu fiz algo com a Naja que deu muito resultado e aconselho você a fazer o mesmo. Quando a empresa começou a ganhar mercado, eu decidi saber, na prática, se a marca existia mesmo na cabeça das pessoas ou só na minha.

A essa altura, você já tem condições financeiras de contratar uma equipe para fazer uma pesquisa séria, com dados reais e confiáveis. É preciso ter certeza de que sua marca é reconhecida por pessoas de fora do seu segmento.

No meu caso, contratei uma equipe para ir até a Avenida Paulista, no coração comercial de São Paulo, com uma missão clara. O trabalho era parar aleatoriamente mil pessoas e fazer uma única pergunta: "Você já viu essa marca?". Nada mais, somente isso. O logotipo era então mostrado, e esperava-se a reação.

O que eu queria medir ali é se as pessoas tinham memória espontânea da minha marca. Se pelo menos 30% dos entrevistados dissessem que já tinham visto a marca, isso significaria que ela existe no imaginário coletivo. Foi o que aconteceu, entendi que a marca existia de fato, o que acabou balizando outras decisões que tomei depois.

Você pode aplicar essa mesma lógica no seu negócio agora, com algumas regras fundamentais:

- A pesquisa não pode ser feita com o seu público atual. Clientes, seguidores ou amigos já conhecem sua marca, e isso distorce o resultado.

- A amostra precisa ser de pessoas desconhecidas, fora do seu nicho direto, mas dentro do território onde você atua. Se sua marca é forte em São Paulo, aplique em São Paulo mesmo, mas fuja do seu ambiente já conhecido, como o bairro onde a empresa está instalada. Nada de perguntar dentro da sua loja ou da sua rede de academias.
- A pergunta deve ser direta e única: "Você já viu essa marca?". Só conta quem diz "sim" sem pestanejar.

Se o seu índice for menor que 30%, a verdade é que a sua marca ainda não está no terceiro estágio. Ela pode até estar crescendo, mas ainda não é reconhecida. Agora, se você ultrapassar os 30%, parabéns! Você tem uma marca viva.

HORA DE ACELERAR

Se sua marca é reconhecida por quem nunca a viu, isso ainda não é sinal de que é hora de descansar. Não se engane, essa não é a linha de chegada. Pelo contrário, é a linha de largada.

Chegar ao estágio de "Marca-Eu" significa que você venceu as primeiras lutas, mas agora está entrando na final dos *playoffs*. É hora de acelerar, mas você precisa fazer isso com estratégia.

Existe um momento em que você precisa ir com tudo no marketing, e o momento é esse. Não estou falando de fazer posts esporádicos no Instagram ou de impulsionar um vídeo para viralizar. Estou falando de marketing 360°, uma presença agressiva e coerente da marca em todos os pontos de contato com o seu público.

Aqui, você já tem "desejo de marca", algo que poucas empresas conseguem de verdade. E desejo é um combustível poderoso, pois ele permite aumentar preço, traz recompra e gera lembrança. Só que se você não alimentar esse desejo com presença constante, ele não se sustenta por muito tempo.

Depois da primeira pesquisa de percepção da Naja, lá na Avenida Paulista, eu fiz exatamente o que estou lhe recomendando: investi pesado na expansão por meio de estratégia robusta de marketing 360°.

A marca já era reconhecida entre os praticantes de luta no Brasil e parcialmente conhecida pelo grande público, mas eu queria que ela fosse conhecida por qualquer um que tivesse conexão com esporte, atitude ou estilo de vida esportivo, tanto no Brasil como no mundo. Então, a primeira decisão foi internacionalizar.

Comecei a patrocinar eventos de luta fora do país. Fui atrás de grandes redes de distribuição. Coloquei a Naja na Amazon para alcançar o consumidor americano. E, por tabela, a marca começou a aparecer em países da Europa e também no Japão.

Com esse trabalho realizado intencionalmente, a marca que era brasileira virou global. E isso só aconteceu porque eu entendi que reconhecimento local é a primeira etapa, mas a escala exige visibilidade para além das fronteiras.

Se o seu público vê sua marca na internet, no ponto de venda, no evento do setor, na embalagem, no podcast, na colaboração com outra marca, você está construindo presença. Porém, se ele a vê hoje em algum lugar e depois passa um mês sem ouvir falar nada sobre ela, aí já era. O investimento se perde.

O mercado é barulhento, e quem não aparece com consistência desaparece. Por isso, o marketing nesse estágio precisa ser:

- **Integrado**: on e off-line, físico e digital, com conteúdo e performance;
- **Intencional**: cada ação deve reforçar o posicionamento da marca;
- **Constante**: não adianta explodir e depois sumir;
- **Corajoso**: se você não ousar, vai ser só mais um no mercado.

Como nessa fase a marca já tem mais musculatura, é a hora de usar a criatividade para fortalecer o ecossistema. Pode ser com novos canais de divulgação e vendas, com produtos licenciados, com presença em territórios inesperados, com influenciadores que personificam a sua identidade. Tudo vale, desde que tenha um motivo e uma boa estratégia.

O NOVO PAPEL DO EMPRESÁRIO

Nessa etapa, o papel do fundador muda bastante. Você não deve ser mais o rosto da marca, mas o arquiteto do crescimento. Se você está nesse momento, vale se perguntar: em quais territórios você ainda não está? Com quais públicos ainda não conversou? Com quem pode se aliar para crescer mais rápido?

Você continua essencial, entenda. Mas agora não está mais no centro do ringue, dando a sua cara a tapa. Você está ao lado, na estratégia. Esse é um dos principais saltos da fase "Marca-Eu": você sai do tático e começa a ser estratégico. E isso exige um novo tipo de presença.

Não é mais para você estar presente fisicamente em cada setor da empresa, em cada decisão operacional, em cada planilha de controle. Agora, sua presença é simbólica e direcionadora. Você se torna o líder de um time que precisa de direcionamento, não de um herói que resolve tudo no braço.

Nesse contexto, você também precisa se reposicionar como líder, tornando-se líder da visão, da cultura interna, da expansão e dos próximos passos até chegar ao quarto estágio, abordado no próximo capítulo. Só que, com isso em mente, quero chamar sua atenção para um alerta vermelho: muitos empresários travam nesse momento porque confundem liderança com controle. Eles acreditam que, se não estiverem no meio do caos, estão sendo irresponsáveis por não colocarem a mão na massa. Porém, a verdadeira irresponsabilidade é continuar centralizando tudo em um momento em que a empresa precisa escalar e alcançar outros topos.

No mundo do MMA, a função do lutador é lutar, enquanto a função do treinador é garantir que todos os atletas lutem bem. O treinador não entra no ringue com o lutador, ele acompanha de fora e enxerga o que ninguém mais vê. Esse é o seu novo papel.

Para isso, claro, você precisa de um time de alto nível, uma cultura clara e compartilhada com todos, processos bem definidos e a ciência de aonde quer chegar dentro dos próximos cinco anos, pelo menos. Acima de tudo, lembre-se de que, se continuar sendo o motor da operação, vai virar um gargalo. E gargalo sufoca o crescimento.

Além disso, há mais um problema ao qual você precisa se atentar. É um erro fatal, que pode acabar com tudo.

O MERCADO
É BARULHENTO,
E QUEM NÃO APARECE
COM CONSISTÊNCIA
DESAPARECE.

À PROVA DE NOCAUTE
@EDU_GRIMALDI

O ERRO QUE PODE DERRUBAR VOCÊ

Você trabalhou duro. Chegou até aqui depois de criar uma marca forte, estruturou a sua operação, começou a escalar. O dinheiro está entrando, e muito! Aí você se diz: "Agora vou aproveitar, eu mereço".

Você merece mesmo. Só que há um detalhe: se você quiser tornar a sua marca acima da média e levá-la a lugares aonde pouquíssimas outras chegam, precisa estar ciente de que a batalha ainda não acabou.

Esse é o momento em que muitos empresários tropeçam no próprio ego. Eles começam a sangrar a própria empresa sem perceber. Tiram a margem que deveria ser reinvestida em branding, marketing e na expansão, e colocam no patrimônio pessoal. Compram casa nova, carro novo, lancha, viagens caras para fora do país.

Essa é a fase mais tentadora de todas, porque você tem dinheiro em caixa. Mas se deixar de investir na marca, a sua liberdade pessoal hoje vai se tornar a âncora do crescimento da empresa amanhã.

Nesse estágio, lucro não é sinal de liberdade total. É sinal de que você pode – e deve – acelerar. É justamente agora que a marca começa a se tornar um grande ativo, e ativos só crescem quando você injeta valor, não quando suga. Você deve trocar a pergunta "Quanto eu estou lucrando por mês?" por "Quanto vale a minha marca no mercado?". Quando você começa a pensar assim, entende que o dinheiro "inteligente" não está no faturamento, mas no *equity*, ou seja, no valor de mercado da sua empresa.

No meu caso, chegou um ponto em que eu poderia fazer grandes retiradas de lucro da Naja, mas não fiz isso. Decidi me pagar um ótimo salário como CEO, só que sem tirar demais da empresa. Preferi reinvestir pensando no futuro. Foi assim que a marca cresceu e se fortaleceu ainda mais. Quando chegou o momento certo, ela valia muito mais do que qualquer retirada anual poderia ter me dado.

Se você reinveste na marca nesse estágio, pode, mais para a frente, vender parte da empresa, atrair investidores, abrir capital e até vender toda a operação. Pode transformar a sua marca em um patrimônio que gera riqueza de verdade.

O maior erro, no final das contas, é que ao se contentar com o lucro dessa fase, você pode deixar de crescer e, pior, voltar para a fase anterior.

VOCÊ ESTÁ MESMO NO ESTÁGIO MARCA-EU?

Se a sua marca está nesse estágio, ela fala por si mesma, tem presença, tem reconhecimento e gera desejo. A partir daqui, ou você escala com estratégia ou se acomoda com um faturamento bom, mas que não gera riqueza de fato. Ou você muda seu papel como dono ou volta a ser prisioneiro do próprio negócio.

O estágio Marca-Eu é um ponto de virada e um teste de humildade, foco e disciplina. Você precisa decidir, aqui e agora, se quer ser só mais uma empresa de sucesso ou uma marca muito acima da média.

Pode acontecer também de você estar enxergando as coisas com uma nuvem na frente dos olhos. Talvez você ainda não esteja nesse estágio, apesar do tempo de empresa, ou precise fazer de novo a lição de casa antes de avançar para o quarto estágio. Então, faça esse exercício para entender em qual ponto você de fato está.

EXERCÍCIO: ESPELHO DA MARCA ACIMA DA MÉDIA

Reserve alguns minutos agora. Pegue papel e caneta, abra seu bloco de notas ou use as páginas do livro mesmo. Responda com sinceridade.

1. Minha marca já é reconhecida por quem não me conhece pessoalmente?
   - ☐ Sim.
   - ☐ Em parte.
   - ☐ Não.

2. Ao mostrar meu logo para mil pessoas aleatórias, quantas responderam "já vi"?
   - ☐ Mais de 300.
   - ☐ Menos de 300.
   - ☐ Nunca fiz esse teste.

3. A minha margem de lucro atual está sendo usada para:

- [ ] Investir na expansão da marca.
- [ ] Aumentar meu padrão de vida pessoal.
- [ ] Tentar manter a operação de pé.

4. O que minha marca representa hoje para o mercado? (Responda em uma frase direta.)

____

____

____

5. Se eu fosse licenciar minha marca, quais categorias fariam sentido?

- [ ] Produtos correlatos ao que vendo hoje.
- [ ] Produtos que reforçam meu universo de marca.
- [ ] Nunca pensei sobre isso.

6. Com qual marca forte eu poderia fazer um co-branding no futuro? (Liste duas possibilidades.)

____

____

____

____

7. Qual ou quais dos tópicos abaixo eu considero como o próximo passo da minha marca?

- [ ] Expandir.
- [ ] Licenciar.
- [ ] Reposicionar.
- [ ] Reestruturar.
- [ ] Consolidar o que já existe.

8. Qual é o maior risco atual que pode me fazer regredir de estágio?

9. Escreva uma frase curta de compromisso com a sua marca para os próximos doze meses.
Meu compromisso de dono é...

7.

O QUARTO ESTÁGIO: "MARCA"

Chegou a hora em que, finalmente, você pode respirar com calma. Nesse estágio, você sente um tipo de alívio que não vem de férias programadas nem de um alto faturamento no final do mês. Vem de saber que, se você sair de cena, a sua empresa continua de pé. E mais: continua vendendo e crescendo. Essa é a hora em que a sua marca começa a lutar por conta própria.

Se você chegou até aqui, parabéns. De verdade! Porque essa fase é a mais desejada, porém a mais rara. É o momento em que o seu negócio deixa de depender da sua figura pessoal, da sua voz em cada reunião, da sua assinatura em todo pedido ou contrato, da sua própria presença física para continuar existindo. Agora, quem ocupa o centro do tatame é a própria marca. E ela tem força própria, muitas vezes ainda maior que a sua.

Isso não quer dizer que você se tornou irrelevante, longe disso. Quer dizer que você cumpriu bem sua missão nas fases anteriores: construiu uma fundação sólida, com cultura forte, com produto excelente, com posicionamento muito claro no mercado. E agora a marca pode ir além de você – e é aqui que o jogo muda muito.

Você não está mais disputando só por lucro. Está construindo *equity*, ou seja, valor de mercado. Está pensando em escala, em construir um legado, em ter perpetuidade a partir daquele sonho materializado em um CNPJ lá no início. Não é mais uma operação que tem um nome bonito; é ativo real, que pode ser vendido, licenciado, transmitido ou multiplicado pelos seus descendentes.

Chegar ao estágio “Marca” é como chegar ao ringue, olhá-lo do lado de fora e perceber que, dessa vez, você não precisa entrar na luta. Você tem um time treinado, uma estratégia clara, uma torcida fiel e, mais importante, uma marca que o representa mesmo quando você não está ali por perto.

E agora vem a pergunta que define tudo: como saber se você realmente chegou aqui?

É bem provável que, lendo isso, você ou pense que ainda está longe desse momento ou que já tenha chegado lá. Só que o que não falta são empresários que acham que já chegaram na fase "Marca", porém, ao serem analisados de perto, fica claro que ainda estão, no máximo, na terceira fase. Se muito!

A marca pode até ser conhecida dentro do seu círculo de influência e segmento de mercado, até pode ter volume de vendas e *parecer* consolidada... mas não é. Aqui, não basta que a marca seja lembrada, ela precisa ser compreendida.

O primeiro sinal concreto de que você está no estágio "Marca" é bem simples. Lembra-se do exercício que eu propus no capítulo anterior? Aquele em que você contrata uma pesquisa, mostra o logo da sua empresa e pergunta a pessoas aleatórias se elas a reconhecem?

Agora, você precisa repetir a pesquisa, utilizando novamente aquela questão e adicionando mais uma. Então, sua equipe vai fazer as seguintes perguntas a pelo menos mil pessoas:

1. Você conhece essa marca?

Se a resposta for positiva, você acrescenta:

2. O que ela representa?

Se mais de 30% das pessoas do público geral – e aqui estamos falando de gente fora da sua bolha – respondem "sim" à primeira pergunta e conseguem acertar o setor de atuação da marca na segunda, é porque sua marca existe no imaginário coletivo. Ela não é mais uma promessa, é presença forte.

No caso da Naja, por exemplo, eu contratei novamente uma equipe para ir até a Avenida Paulista e abordar as pessoas que passavam, dessa vez com a segunda pergunta engatilhada caso a primeira tivesse resposta positiva. Muita gente respondia com convicção que se tratava de uma "marca de luta" ou "marca esportiva" ou "empresa do mundo das artes marciais", e isso ajudou a cravar o diagnóstico: a Naja tinha se tornado uma marca consolidada.

Esse é o teste real. Se a sua marca ainda precisa de "legenda", ou seja, precisa ficar se explicando, ela não chegou lá. E pior: se o cliente ainda lembra mais de você do que da sua empresa, você está no estágio dois.

Porém, no estágio Marca, a marca fala por si. Ela vende sem você precisar convencer, é desejada por pessoas que nem sabem quem você é.

E mais: ela tem fãs, pessoas que compram por identificação, não por necessidade. Gente que carrega a marca no peito, no boné, na toalha de praia ou até tatuada no corpo.

Gosto muito de usar a analogia do ovo frito para explicar a expansão do público de uma marca. Já ouviu falar? É simples: pense em um ovo frito dentro de um prato. A gema é o seu público original. No caso da Naja, é o praticante de lutas. É ele quem vive o universo da marca no dia a dia: os atletas, os professores de artes marciais, os donos de academia. Foi para eles que eu comecei vendendo. E ali, dentro da gema, tudo fazia sentido: o produto era rapidamente compreendido, a comunicação podia ser direta, a linguagem usada era a de quem entende a luta.

Agora, olhe para a clara do ovo no prato. Ela é maior que a gema, mais espalhada. Se a gema é o seu primeiro público, o mais pronto para a comprar, a clara é o público que orbita esse primeiro – e é aí que mora a escala de um negócio.

A clara do ovo é composta não mais dos praticantes de luta, como no meu caso, mas dos amantes desse universo, mesmo que nunca tenham treinado em uma academia ou entrado em um ringue. É o cara que nunca luta, mas ama o UFC, assiste a todas as lutas na TV, acompanha os campeonatos com os amigos, conhece os lutadores, comenta os eventos, é fã desse ou daquele campeão.

Ele nunca calçou uma luva, mas veste a camiseta da Naja na praia, tem uma toalha estampada com o logo, além do boné e da mochila. Ele compra não pela usabilidade ou pela necessidade, mas pelo significado.

Minha marca cresceu de verdade e ganhou o mundo quando expandiu esse universo das lutas para além dos ringues. Foi aí que eu comecei a lançar os outros produtos: mochila, óculos, boné e até raquete de *beach tennis*. Entenda: isso não é só uma estratégia de diversificação, é uma estratégia de pertencimento. A ideia é fazer mais e mais pessoas se sentirem parte da tribo.

Quando a sua marca rompe a gema e ocupa a clara, ganha escala. Ela se torna desejada por quem não precisa do seu produto, mas quer viver o estilo que sua marca representa.

Por isso, aqui vai um alerta: você só consegue ocupar a clara depois de dominar a gema. Quem tenta pular essa etapa e ir direto para a tentativa de escala, sem ter sido fiel ao nicho original, acaba diluindo demais a marca. Aí perde a força e não sustenta o desejo.

Primeiro você precisa conquistar o público central. Depois, os amantes virão. E quando eles chegarem, é sinal de que sua marca está pronta para crescer com consistência.

O MARKETING ETERNO

Sinto muito dizer, mas você não vai investir menos nessa fase. Você vai investir mais! Por acaso você vê a Coca-Cola se acomodando e parando de fazer anúncios? Ou a Mastercard? Ou o McDonald's?

A partir do momento em que você conquista espaço na gema e começa a transbordar para a clara, surge um novo tipo de responsabilidade: manter a marca relevante no tempo. E isso envolve um plano de visibilidade contínuo. Não basta só ter um bom produto, já testado e validado, mesmo que por anos e anos. Você tem que aceitar que vai entrar na era do que chamo de "marketing eterno".

O marketing eterno não é mais uma campanha. É um compromisso. Você deve entender que a sua marca precisa se comunicar o tempo todo, com coerência e mostrando evolução. A linguagem pode evoluir, os canais podem mudar, assim como o comportamento do consumidor, mas a essência precisa permanecer.

Ao longo dos anos, vi muita coisa mudar ao meu redor. No começo, fazer marketing era levar um banner para os eventos presenciais ou comprar uma cota de patrocínio para aparecer mais. Depois, a televisão é que trazia os melhores resultados. Mais para a frente, veio a onda dos YouTubers. Passou um pouco o tempo, veio a explosão do Instagram, dos influenciadores, dos vídeos virais. E agora? Agora o público quer de novo o olho no olho. Quer fazer parte de uma comunidade pulsante, quer a experiência ao vivo, quer estar na arena.

Quem não acompanha esse movimento perde espaço e vai ficando para trás. Por isso, meu conselho é: tenha uma boa agência de marketing e branding ao seu lado. Isso não é luxo, é sobrevivência. Sozinho, meu amigo, você não consegue enxergar tudo! Você está dentro do octógono, levando soco e tentando manter o foco ao mesmo tempo. Enquanto isso, a agência está na arquibancada, vendo o jogo de cima, de lado, na diagonal. Ela pode apontar onde o adversário abriu a guarda ou quando você está prestes a cair.

E, olha só, não importa o tamanho da sua empresa. Mesmo no início, mesmo com pouco caixa, tenha consciência de que, para crescer, você deve investir em quem vai construir a sua narrativa com consistência. Não tem como chegar no estágio "Marca" sem uma presença constante na mente do público. Por isso, o marketing vai muito além de campanhas esporádicas. Sua marca deve aparecer o tempo todo, do jeito certo, no lugar certo, com a mensagem certa.

Se você quer que sua marca dure mais do que uma temporada de vendas ou uma onda do mercado, deve tratá-la como aquilo que ela é, de fato: um organismo vivo, que precisa de alimento diariamente. Esse alimento se chama presença. E a presença mais poderosa não é a que grita, é a que permanece. É a presença com propósito, com palavras coerentes, com mensagens que alimentam a cultura.

Por isso, precisamos reforçar mais um ponto: o sinal de que o seu negócio chegou ao ápice é quando as pessoas começam a usar a sua marca ou comprar dela não porque precisam dos produtos ou serviços, mas porque querem ser reconhecidas por fazer parte dessa comunidade. A marca deixa de ser uma empresa e passa a ser um símbolo de identidade. Torna-se uma tribo.

Teve um dia que recebi uma mensagem que nunca mais saiu da minha cabeça. Um cara me mandou uma foto das costas inteiras tatuadas com o logotipo da Naja. Já mencionei isso no capítulo 3, mas estou trazendo essa história mais uma vez porque é muito marcante para mim. O texto era simples e direto: "Essa marca mudou a minha vida".

Aquela mensagem me acertou como um soco direto no queixo. Ninguém tatua uma empresa qualquer. Por causa disso, receber essa imagem com a marca que eu criei do zero, entender que não se tratava mais apenas da minha história, mas do que a Naja representava na história do cliente, foi incrível. A partir dali, entendi com ainda mais clareza que a minha marca não vendia mais luvas, mas atitude, pertencimento e mentalidade.

E esse fenômeno não é exclusividade minha. Você pode observar o mesmo em marcas que se tornaram ícones culturais.

Veja a Harley-Davidson, por exemplo. Tem gente que nunca teve uma moto na vida, mas se define como "harleyro". A pessoa vai ao encontro de motociclistas, usa jaqueta de couro, adora rock clássico e sonha com a sua Fat Boy, mesmo sem nunca ter pilotado uma. Isso é tribo!

A Ferrari? A mesma coisa.

Quem é que pode ter uma Ferrari? Quase ninguém.

Mas quantos podem ter um boné, um perfume ou um carrinho em miniatura? Quantos se sentem parte daquele universo só de olhar um carro vermelho cruzando a rua?

Quando você chega nesse ponto, a sua marca se torna um espelho de quem o cliente gostaria de ser. E aqui vai uma das ideias mais importantes deste capítulo; tão importante que você deve tatuá-la na sua mente! O cliente não compra o que você vende. Ele compra quem ele se torna ao usar o que você vende. E isso muda tudo.

Nesse estágio, o que você está oferecendo é uma bandeira, uma causa, um propósito de vida. É uma forma de dizer ao mundo "Eu sou isso aqui, olha!". Quem se identifica com a sua mensagem passa a carregar a sua marca como se fosse um brasão de família. E não importa se é roupa, moto ou xícara. Se a marca tem alma, se conecta com as pessoas.

Quando uma marca gera a sensação de pertencimento, ela sai do território da comparação, torna os concorrentes irrelevantes e para de disputar

O CLIENTE NÃO
COMPRA O QUE VOCÊ
VENDE. ELE COMPRA QUEM
ELE SE TORNA AO USAR
O QUE VOCÊ VENDE.

À PROVA DE NOCAUTE
@EDU_GRIMALDI

por preço, passando a dominar pela emoção que provoca. É aí que se torna uma marca ícone.

Marcas ícones existem em todos os segmentos. Pense na Hermès, a marca da bolsa mais desejada do mundo, que tem até nome próprio: Birkin.[14] Essa bolsa não é só um acessório. É um símbolo absoluto de status e exclusividade, com uma narrativa muito bem construída.

Ela foi criada quase por acaso, em um voo entre Paris e Londres, quando a atriz Jane Birkin comentou com o então CEO da Hermès que nunca encontrava uma bolsa bonita e prática ao mesmo tempo, na qual coubessem todos os itens necessários para levar em uma viagem, mas que se mantivesse clássica e bonita, como a bolsa Kelly, de 1935, batizada em homenagem à atriz Grace Kelly.

Durante aquela conversa, nasceu no verso de um saquinho para enjoo o projeto da bolsa que foi lançada dois anos depois. O modelo que, até hoje, é feito à mão, tem fila de espera de anos e preço que pode ultrapassar 500 mil reais, dependendo do couro, da edição e da história por trás daquele exemplar.

Sabe qual é o detalhe mais fascinante? Você não pode simplesmente entrar em uma loja e comprar uma Birkin. Você precisa ser "convidado" pela Hermès a adquirir uma. A marca diz claramente: "Não é você que escolhe a Birkin, é ela que escolhe você".

Com todo esse storyteling, o produto virou lenda. O que prova que as pessoas não compram pela necessidade, mas pela história. Compram pelo desejo de pertencimento e pelo significado invisível que ela carrega.

A Hermès entendeu que quando o produto vira narrativa, ele deixa de ser só um item e se torna símbolo. E símbolo, meu amigo, ninguém troca por preço.

Você acha que quem compra uma bolsa Birkin está preocupado com o couro, o zíper ou o tamanho da peça? Essas pessoas querem o que a bolsa

---

[14] WESTBERG, P. The Birkin Bag: The Story Behind the World's Most Desired Handbag. **Quartr**, 12 jul. 2024. Disponível em: https://quartr.com/insights/company-research/the-birkin-bag-the-story-behind-the-worlds-most-desired-handbag. Acesso em: 29 maio 2025.

representa: um símbolo de ascensão social, um presente de casamento, uma prova de que "agora eu posso". Essa é uma tribo de alto luxo.

A mesma lógica vale para a Chanel, para os sapatos da Louboutin, com aquela sola vermelha inconfundível, ou para os tênis destruídos da Balenciaga. A função do produto é quase secundária, o que se vende ali é a narrativa de pertencimento.

No meu universo, a Naja passou a ocupar esse lugar também. Eu vi muita gente que nunca pisou em uma academia comprar uma camiseta da marca só para ir assistir a uma luta com os amigos. Vi pessoas usando toalhas da Naja na praia, mochilas da Naja em aeroportos, bonés da Naja em shows de rock. Com essas peças, elas queriam dizer a todo mundo que fazem parte de um movimento, que têm um estilo próprio, atitude e garra. Que vivem com a energia de um lutador, mesmo sem nunca terem lutado.

Isso não acontece por acaso.

Para criar uma marca ícone, você precisa ter intencionalidade em tudo:

- No produto que entrega.
- Na linguagem que usa.
- Nos lugares onde aparece.
- Nas pessoas com quem se associa.
- Na consistência do que você promete.

Não dá para parecer uma marca de luxo no Instagram e vender um produto medíocre. Não é possível falar de autenticidade com um produto comprado por atacado na China, igual a mil outros. O cliente vai perceber. E a marca que parecia desejável pode virar piada em segundos.

Entenda também que quando a marca vira ícone, o risco de exposição aumenta. É aí que entra o maior desafio desse estágio.

★ ★ ★

A MARCA AGORA É PATRIMÔNIO, E PATRIMÔNIO A GENTE PROTEGE COM ESTRATÉGIA, CRITÉRIO E VIGILÂNCIA CONSTANTE.

★ ★

À PROVA DE NOCAUTE
@EDU_GRIMALDI

O GRANDE DESAFIO: AGORA VOCÊ É PARA-BRISA DE ÔNIBUS

Há uma coisa que ninguém conta quando você começa a crescer: quanto maior a visibilidade, maior a responsabilidade.

Se nos primeiros estágios você era quase invisível e podia errar sem grandes consequências, agora a história muda muito: você vira o para-brisa do ônibus e, adivinha? A pedrada vem. E vem bem de frente.

Todo mundo agora está olhando para você – os clientes, os concorrentes, o mercado, a imprensa, as pessoas das redes sociais. E qualquer deslize, mesmo que pequeno, pode virar um ruído gigante.

Por isso, nesse ponto, não basta fazer bem-feito. Tem que fazer sempre acima da média, o tempo inteiro, em tudo mesmo. Não é só o seu produto que precisa ser mais que excelente. A embalagem, o ponto de venda, o atendimento, a linguagem, o marketing, o posicionamento, o pós-venda – tudo precisa falar a mesma língua e ser impecável.

Vou contar um caso que aconteceu comigo.

A Naja já estava em todos os grandes pontos de venda, tínhamos uma marca forte, reconhecida e desejada. Mas um detalhe aparentemente simples quase virou um problema sério. Chegou uma remessa de 2 mil unidades de camisetas com erro de estampa. O logo estava certo, mas o nome da marca saiu borrado, com baixa qualidade.

Quando identificamos o problema, o primeiro impulso, vindo de uma sugestão de um dos gerentes, foi nobre: doar as peças. Ele fazia trabalho social à noite, e sugeriu doar camisetas para moradores de rua em uma dessas ações.

Era uma boa intenção, sem dúvida. E poderíamos ter seguido em frente com a melhor das intenções. Mas chamamos uma reunião com o corpo executivo para saber a opinião de todos, e a pergunta que surgiu foi essa: "Qual é o impacto dessa doação para a percepção da marca?".

As pessoas ali começaram a levantar hipóteses. Imagine alguém que comprou uma peça da marca por um valor alto, lá no shopping, vestindo com orgulho a camiseta em um jantar ou evento e, no caminho, se depara com aquela mesma camiseta sendo usada por pessoas em situação de rua? O que ela faria? Sem demagogia, analisando friamente o comportamento do consumidor, é provável que ele escondesse a camiseta com uma jaqueta na hora e nunca mais comprasse da marca.

Aqui, não cabe julgamento de valor. Foi uma constatação que nasceu daquela conversa, então a decisão foi a seguinte: não dava para colocar essas camisetas nas ruas com o logo da Naja visível. Entenda, tivemos uma ideia nobre, mas era preciso avaliar a percepção de valor daquele ato. E, naquele cenário, a ação faria a marca sair enfraquecida, não pela doação em si, mas pela falta de cuidado com o seu símbolo.

A solução foi simples e inteligente: decidimos investir mais ainda no lote defeituoso, enviando todas as camisetas de volta para a estamparia e cobrindo o logo com tinta neutra, para só depois fazer a doação. Foi um gesto simbólico e estratégico. Preservamos a dignidade da ação social e a integridade da marca.

Esse tipo de decisão parece algo pequeno, mas é ele que define quem continua crescendo e quem escorrega no meio do caminho. Nesse estágio, você não pode mais se dar ao luxo de relaxar e promover ações que, sem querer, prejudiquem a imagem da marca. Agora está em jogo a reputação. E reputação, uma vez manchada, é muito difícil de reconstruir.

Por isso, você que chegou até aqui, entenda que a excelência agora não é uma meta, é a base de tudo. Não existe ser "quase excelente", não dá para pensar em escala e cortar custos onde não pode, não há brecha para errar por descuido. A marca agora é patrimônio, e patrimônio a gente protege com estratégia, critério e vigilância constante. Esse é o novo round, e qualquer vacilo vira nocaute.

A QUALIDADE SUSTENTA O DESEJO

Muita gente acha que o desejo do cliente nasce só de um marketing bem-feito. Que basta fazer uma campanha bonita, um vídeo viral, criar um slogan inteligente, e pronto: a marca vai ser amada, compartilhada e lembrada. Isso é importante, mas é só metade da equação.

O desejo se constrói na emoção, mas se sustenta na experiência. Se o produto não entrega o que promete, o encantamento vira decepção, e aí, caro leitor, não tem branding que segure.

Foi por isso que, desde os primeiros anos da Naja, eu tomei uma decisão que muita gente, olhando de fora, talvez não entenda. Eu decidi investir pesado em qualidade e nunca negociar nada diferente disso.

Quando começamos a importar luvas da China, uma das minhas maiores preocupações era justamente como garantir que o produto estaria à altura do que a marca dizia ser. Na época, alguns concorrentes usavam espuma reciclada como enchimento, o que deixava a luva com pouca "memória". Para quem não é do ramo, "memória" é a capacidade que a luva tem de absorver o impacto e depois voltar ao formato original. Se a espuma é ruim, ela afunda e não volta. E a luva vai perdendo a função mais rápido.

Eu encontrei uma fábrica que fazia os produtos com material virgem. Então, criamos uma linha certificada, com um selo próprio: o NJHP (Naja High Performance). Fizemos vídeos mostrando a diferença. As imagens mostravam as luvas por dentro, o seu interior, para evidenciar o material de primeira qualidade. Enquanto a concorrência escondia a espuma reciclada dentro de sacos plásticos, a nossa optou pela transparência.

Qual é a estratégia por trás disso? Eu sabia que o branding e o marketing atrairiam, mas o produto é que fidelizaria.

E isso, mais uma vez, vale para qualquer negócio. Se você vende roupa, a costura precisa ser impecável. Se vende serviço, o atendimento precisa surpreender. Se vende tecnologia, o sistema não pode falhar. Se vende experiência, cada detalhe precisa reforçar a promessa.

Você pode ter o melhor marketing do mundo, mas se o cliente comprar e se decepcionar, o estrago é duplo: além de perder a venda, você perde a confiança. E confiança, depois de quebrada, é difícil de reconstruir.

Por isso, no estágio "Marca", o compromisso com a qualidade deixa de ser um diferencial e passa a ser obrigação inquestionável. Não caia na tentação de aumentar a margem reduzindo, nem que seja um pouco, a qualidade. O básico bem-feito deve ser bem-feito sempre. Às vezes, é um detalhe que aparentemente ninguém vê, mas que o cliente sente. É um cuidado que não aparece na embalagem, mas fica preso na memória. No final das contas, o cliente vai se lembrar do que ele viveu. E se isso for diferente da promessa, vai dar problema.

A BOA NOTÍCIA: NUNCA FOI TÃO POSSÍVEL

Depois de tantos rounds deste capítulo, você pode estar pensando: "Ok, entendi o tamanho da responsabilidade. Mas será que eu consigo mesmo chegar nesse nível?". A resposta, logo de cara, é sim. E nunca foi tão possível como agora.

Vivemos um tempo em que as ferramentas de construção de marca estão mais acessíveis do que nunca. Você não precisa ter uma sede imponente, nem de um orçamento milionário, nem estar no coração financeiro de São Paulo para ter sucesso. Basta ter uma intenção clara, consistência e direção.

Hoje, com um bom celular, você pode produzir conteúdo com qualidade. Com um site simples, pode criar presença digital. Com uma agência ou consultoria parceira, mesmo que enxuta, pode posicionar sua marca com estratégia, aproveitando as redes sociais para alcançar milhares (ou milhões) de pessoas sem depender de intermediários.

A internet democratizou a luta. Antes, só as grandes marcas tinham acesso à mídia, enquanto hoje qualquer empresa com clareza e controle da própria narrativa pode disputar espaço na mente e no coração do consumidor.

Mas – esse é um "mas" importante – não confunda facilidade de acesso com facilidade de construção. Só porque é mais simples aparecer, não significa que é mais fácil se manter. A visibilidade ficou mais fácil de conquistar, mas o valor percebido ainda precisa ser construído com profundidade e mais acertos do que erros. Por isso, você tem de fazer escolhas intencionais desde o começo.

Não espere crescer para investir em posicionamento de marca, ou faturar alto para criar consistência. Também não espere a concorrência se movimentar para você começar a pensar em diferenciação.

Comece agora, com o que tem em mãos. Mesmo que pequeno, comece com clareza de onde quer chegar. Encontre as pessoas certas desde o início, contrate quem vai levar a sua marca adiante, alie-se a agências ou consultorias que vão fazer você poupar tempo e dinheiro no futuro. A diferença entre uma marca que cresce com saúde e uma que se perde pelo caminho está em quem assume a construção desde o primeiro passo, em vez de esperar a marca virar vitrine.

A boa notícia é que o jogo está nas suas mãos, e as ferramentas também. Este livro é uma delas!

VOCÊ É O GUARDIÃO DO PATRIMÔNIO DA MARCA

Nesse estágio, o que você construiu se transforma em ativo. Agora, seu papel não é mais operar, mas proteger.

Você não é mais apenas o fundador, o criador, o empreendedor que colocou a ideia de pé. Agora, você é o guardião do patrimônio que construiu. Sim, porque a marca não é mais só um nome bonito estampado na fachada ou no Instagram. Ela é um ativo, um patrimônio com valor de mercado real. Essa é uma fase de decisões importantes.

Você vai abrir capital na bolsa de valores? Vai vender uma parte? Vai planejar uma sucessão dentro da família ou trazer alguém de fora? Vai seguir expandindo a marca ou consolidar o que já tem? São perguntas que exigem outro tipo de olhar.

O foco não é mais o operacional, é altamente estratégico. A marca está andando com as próprias pernas, mas você precisa decidir qual direção ela vai tomar. Seu papel agora é menos fazer e mais garantir que tudo continue sendo feito do jeito certo.

É como um mestre de luta que já saiu do ringue, mas continua à beira do tatame, de olho em cada movimento, cuidando da técnica, da postura, da visão. É hora de orientar, direcionar e proteger. E, talvez mais importante do que tudo: nessa hora, você começa a pensar em como perpetuar o que construiu.

Há muitas marcas que quebram quando chegam nesse ponto. O fundador se empolga com o faturamento, começa a sangrar o caixa, troca estratégia por vaidade e esquece que a construção precisa continuar. Outros estacionam, param de inovar achando que já chegaram ao topo, e acabam ficando para trás. O mercado está cheio de exemplos, como a Kodak e a Blockbuster.

Mas não existe topo quando se trata de marca, existe manutenção de valor. A sua função agora é manter a clareza da cultura, sustentar o posicionamento e garantir que cada decisão esteja alinhada com o que a marca representa no mundo. Você se tornou o protetor da essência, da reputação e da visão de longo prazo.

No fim das contas, proteger a marca é proteger a cultura que a marca representa.

★ ★ ★

PROTEGER A MARCA É
PROTEGER A CULTURA QUE
A MARCA REPRESENTA.

★ ★

À PROVA DE NOCAUTE
@EDU_GRIMALDI

Você pode ter a melhor estratégia do mundo, o plano de expansão mais ousado, o produto mais inovador. No entanto, se a cultura da sua empresa se enfraquecer, tudo o que foi construído começa a rachar por dentro. É nesse momento que trabalhar o branding verbal deixa de ser um discurso de marketing, uma estratégia de comunicação externa, e passa a ser uma ferramenta de preservação. Isso porque a cultura de uma marca se sustenta nas palavras que ela escolhe, repete e reforça todos os dias, começando pelo lado de dentro.

É a narrativa que define o que é aceito e o que é inegociável. É a linguagem que revela a identidade, não só para o público externo, mas principalmente para quem está dentro da casa. Se a marca foi construída para fora com uma mensagem forte e isso a fez chegar longe, agora ela precisa se manter viva de dentro para fora. E isso se faz com coerência verbal, posicionamento claro e rituais de cultura muito bem definidos internamente.

Nessa fase, sua função como líder é garantir que cada pessoa do time saiba o que a marca defende, como ela fala, o que ela jamais faria. É também zelar para que as ações não desmintam os discursos, e cuidar para que o crescimento não desfigure a essência. Mais do que proteger o logotipo, o tom da campanha ou o *Return on Investment* (ROI) [Retorno sobre o Investimento] da mídia, você precisa proteger a alma da sua marca. E a alma de uma marca vive na sua cultura, que, por sua vez, vive nas palavras escolhidas.

Se você não cuidar disso, alguém vai cuidar por você, e provavelmente da pior forma possível. Vai duvidar da sua narrativa, vai distorcer fatos, vai gerar desconexão.

Chegar até aqui foi uma grande conquista. Manter-se aqui será a sua vitória definitiva.

EXERCÍCIO: O TESTE DO PERTENCIMENTO

Agora que você percorreu cada etapa até aqui, é hora de olhar com honestidade para o seu negócio e entender: sua marca já chegou, de fato, ao quarto estágio?

Responda com calma. Mais do que certo ou errado, este exercício é um espelho. Ele mostra onde você está e o que ainda precisa ajustar para consolidar uma marca viva, desejada e acima da média.

1. Minha marca já é reconhecida por pessoas que nunca ouviram falar de mim pessoalmente?

- [ ] Sim.
- [ ] Em parte.
- [ ] Não.

2. Ao mostrar meu logotipo para mil pessoas aleatórias, quantas respondem "já vi"?

- [ ] Mais de 300.
- [ ] Menos de 300.
- [ ] Nunca fiz esse teste.

3. Minha marca já é associada com clareza ao setor em que atua?

- [ ] Sim, com precisão.
- [ ] Às vezes.
- [ ] Não.

4. Minha marca já tem fãs (pessoas que consomem por identificação com o universo da marca, mesmo sem adquirir o produto principal?)

- [ ] Sim.
- [ ] Em parte.
- [ ] Ainda não.

5. Quais produtos minha marca já oferece hoje?
(Escreva abaixo os principais.)

Quais outros produtos ou categorias poderiam reforçar ainda mais o universo da minha marca?

6. Eu já participo ou pretendo participar de feiras, eventos ou licenciamentos para fortalecer a presença da marca?

- [ ] Sim.
- [ ] Ainda não.
- [ ] Não faz sentido para mim.

7. Como está a qualidade dos meus produtos, serviços e entregas hoje?

- [ ] Acima da média.
- [ ] Boa, mas com pontos de melhoria.
- [ ] Abaixo do que eu gostaria.

8. Quem está ao meu lado hoje na proteção e expansão da marca? (Liste pessoas, parceiros ou agências estratégicas.)

9. Qual é o maior risco atual que pode ameaçar o valor da minha marca?

10. Compromisso de dono:

Escreva, com suas palavras, o compromisso que você assume com a sua marca para os próximos doze meses.

Pode ser uma decisão, uma promessa ou uma frase de direção. Exemplo: "Vou manter a excelência mesmo no processo de escala".

Agora, respire fundo.

Se suas respostas foram, em maioria, positivas, parabéns! Você chegou aonde poucos chegam.

Mas se ainda faltam passos, não tem problema. O importante é saber onde você está e para onde precisa ir.

Construir uma marca forte não é como um *sprint*. É uma maratona. E se você continuar jogando acima da média, cedo ou tarde o mercado vai reconhecer e recompensar a marca que você está construindo.

CONSTRUIR UMA MARCA FORTE NÃO É COMO UM *SPRINT*. É UMA MARATONA. E SE VOCÊ CONTINUAR JOGANDO ACIMA DA MÉDIA, CEDO OU TARDE O MERCADO VAI RECONHECER E RECOMPENSAR A MARCA QUE VOCÊ ESTÁ CONSTRUINDO.

À PROVA DE NOCAUTE
@EDU_GRIMALDI

8.

MENTALIDADE "ACIMA DA MÉDIA"

Chegou a hora da luta que, talvez, seja a mais difícil. Aquela que não tem plateia nem transmissão ao vivo e coloca você contra você mesmo. É sua mente contra seus medos, sua vontade contra sua disciplina. Sua marca só vai longe se sua cabeça estiver pronta para levá-la até lá. Não há outro caminho! Não existe sucesso sustentável com mentalidade mediana. A marca só sobe ao pódio se o dono tiver cabeça de campeão.

Depois de todos os estágios que você percorreu neste livro – da fase "Eu" até a fase "Marca" –, chegou o momento de encarar o que realmente separa os medianos dos que estão acima da média: a mentalidade. Pode parecer simples, mas é aqui que muitos escorregam e caem.

Não adianta nada entender os conceitos, mapear todos os estágios, estruturar a empresa da forma mais brilhante possível, investindo todo o tempo e dinheiro que tiver, se você continuar subindo no ringue com a cabeça fraca. Sua mente precisa ser forte para construir uma empresa forte e que atravessa todas as tempestades.

O que eu vou apresentar a você aqui e agora é um convite. Melhor dizendo, é um alerta importantíssimo que não pode ser ignorado. Um lutador passa meses, às vezes anos, se preparando para subir no ringue e lutar por quinze minutos. Ele não entra esperando se motivar lá dentro, precisa chegar lá pronto. Na verdade, ele já ganhou – ou já perdeu – muito antes do primeiro soco. A vitória acontece no treino, na constância, na mentalidade. Com o empresário acontece a mesma coisa.

Você precisa acordar todos os dias com uma decisão tomada: se vai lutar mais uma vez. Se vai fazer o que precisa ser feito. Se vai encarar o dia como quem entra no jogo para vencer, sem plano B.

A luta mais importante – e a única que você não pode perder de jeito nenhum – não é contra a concorrência; é contra a autossabotagem, o desânimo, o comodismo, a vontade de voltar para a sua zona de conforto. E essa é uma luta que não demora meses para ocorrer; ela acontece todo dia, aí dentro da sua cabeça.

Não importa o quanto você já evoluiu. Se você não proteger a sua mente, tudo que construiu pode ruir. Por isso, antes de seguir em frente, olhe bem no espelho e pergunte a si mesmo, com sinceridade: "Eu estou mentalmente preparado para ser acima da média?".

Se a resposta for "não" ou "mais ou menos", ainda temos trabalho a fazer. Tanto no ringue quanto nos negócios, ser "mais ou menos" é o mesmo que perder.

DISCIPLINA: O ALICERCE DA VITÓRIA

A primeira de todas as habilidades que você deve adquirir (e fortalecer diariamente) é a disciplina. Antes de qualquer medalha, de qualquer troféu, de qualquer aplauso, vem ela. É a disciplina que faz o lutador levantar cedo da cama quando o corpo ainda dói por causa das pancadas do dia anterior. É ela que leva o cara para o treino mesmo quando está frio e chovendo, quando ninguém está olhando ou quando não tem luta marcada nos próximos dias. E é ela, também, que constrói a base mental do empresário acima da média.

Muita gente acha que o segredo está no talento. Há também quem aposte na sorte e quem se iluda com a ideia de que, quando as coisas melhorarem, aí sim será possível se organizar para fazer do jeito certo. Só que vou contar a você algo que aprendi no mundo das lutas e, depois, no mundo dos negócios: não existe vitória sem disciplina. E mais: a disciplina vem muito antes da motivação. Não adianta esperar se sentir pronto. Você precisa começar e, aí sim, melhorar no caminho.

Quem quer ser acima da média tem de entender que a média está cheia de gente esperando o momento ideal. Mas o campeão não pensa assim. Ele está agindo, treinando pesado, acreditando na vitória antes dos outros. Ele se prepara o tempo todo, mesmo sem saber quando vai precisar usar o que desenvolveu.

Se você quiser construir uma marca forte, que resista ao tempo, ao mercado e aos desafios, precisa decidir hoje que a sua disciplina vai ser inegociável.

Inclusive, a disciplina também vem antes da resiliência. É ela que constrói o hábito, e é o hábito que segura qualquer pessoa quando o emocional balança e o ânimo falta. Com disciplina, você cuida do corpo, da mente e das escolhas de todo dia.

É assim que você forma um time forte, sustenta a cultura da empresa e se torna, dia após dia, o líder de que a sua marca precisa. Se tiver disciplina, você sempre vai saber o que fazer, porque já fez aquilo incontáveis vezes. E aí, quando o sucesso vier, não vai ser surpresa, e sim consequência.

Disciplina é fazer o certo mesmo quando dá vontade de fazer o que é fácil. Com o tempo, ela vira rotina, se torna o combustível do preparo. E o preparo vence o impulso. Quem espera o momento ideal para agir está assinando um contrato com a média. Mas nós sabemos que você não quer isso!

ESCOLHA OS SEUS ALIADOS E HÁBITOS COM SABEDORIA

Outra decisão importante para ser acima da média é escolher as pessoas certas ao seu lado. No ringue, a vitória não depende apenas da força ou da técnica do lutador. Ela é construída nos bastidores, com a escolha de um bom treinador que orienta e dá suporte, de um parceiro de treino que o desafia, de um nutricionista que cuida da sua alimentação, do fisioterapeuta que previne lesões. Cada um desempenha um papel crucial na jornada rumo ao topo.

Nos negócios, você também precisa de aliados constantemente. Você, como líder, deve se cercar de pessoas que compartilhem dos mesmos valores e objetivos. A equipe que você forma, os mentores que você escolhe, os parceiros com quem você se associa, a agência que faz o seu branding e o marketing, todos influenciam diretamente no desempenho e nos resultados da sua empresa.

E não são apenas as pessoas ao seu redor que importam. Os ambientes que você frequenta, os conteúdos que você consome, os hábitos que você cultiva, tudo isso molda sua mentalidade. Assim como um lutador deve evitar distrações e manter o foco em sua preparação, você precisa estar atento ao que alimenta sua mente e seu espírito.

No momento em que escrevo esse livro, estou casado há 27 anos, tenho uma filha de 17 e uma família maravilhosa, da qual me orgulho muito. Eu escolhi, lá atrás, estar próximo dos meus, ser suporte e, ao mesmo tempo, saber que posso contar incondicionalmente com esse apoio.

Eu também pratico esportes seis dias por semana e faço questão de cultivar a minha espiritualidade. Essas escolhas refletem uma vida alinhada com meus valores e objetivos e proporcionam a base necessária para eu enfrentar os meus desafios empresariais.

O que eu quero que você entenda com isso? Quero que reflita e responda com honestidade: seus aliados o impulsionam ou puxam você para baixo? Os ambientes que você frequenta são fontes de inspiração ou de distração? Os hábitos que você cultiva o fortalecem ou o enfraquecem?

Sua empresa vai avançar se você escolher bem os aliados e os ambientes que estimulam o seu crescimento. E, acredite: é *você* que faz essa escolha.

A CULTURA COMEÇA NA MENTE DO LÍDER

Se você já compartilha seus valores com sua família, está na hora de fazer o mesmo com sua empresa. A cultura organizacional – esse conjunto de valores, visão de futuro, mentalidade, narrativa da marca, história e propósito em comum – é tão importante quanto a estratégia para o crescimento de um negócio. Ela não é um acessório, mas sim a base que sustenta todas as ações e decisões na empresa.

Contudo, cultura nenhuma se constrói sozinha. Ela precisa ser verbalizada, cultivada e fomentada constantemente, de dentro para fora. Assim como você compartilha seus princípios com sua família, é essencial levar esses mesmos valores para o ambiente da empresa. Isso significa alinhar o seu CPF com o seu CNPJ, garantindo que todos os colaboradores compreendam e vivenciem a cultura da empresa no dia a dia.

Uma cultura forte e bem-definida orienta o comportamento dos funcionários, influencia nas decisões e promove um ambiente de trabalho coeso e alinhado com os objetivos da marca. Ela funciona como um alicerce que guia as ações e decisões, garantindo que os colaboradores compreendam os objetivos corporativos e, mais importante, que internalizem e contem a mesma história que a sua empresa conta.

Por isso, como líder, é sua responsabilidade ser o guardião dessa cultura. Isso envolve comunicar claramente os valores e a visão da empresa, incorporá-los em suas ações diárias e incentivar sua equipe a fazer o mesmo. Lembre-se: a cultura começa na mentalidade do líder e se espalha por toda a organização.

Ou, como diz a frase atribuída ao autor e pai da administração moderna Peter Drucker, "a cultura come a estratégia no café da manhã". E é verdade.

MENTALIDADE: O MOTOR DA VIRADA

Por fim, entenda: você pode ter a melhor estratégia do mundo, um produto ou serviço inovador e uma equipe super talentosa. Mas se a sua mentalidade não estiver alinhada, tudo isso pode ser em vão. Assim como um lutador precisa acreditar em sua vitória antes mesmo de encarar o adversário, um líder precisa cultivar uma mentalidade forte, resiliente e focada. É ela que impulsiona a ação, que mantém o foco diante dos desafios e que inspira a equipe a seguir em frente.

A mentalidade é o motor da virada. É ela que transforma planos em ações, ideias em resultados e desafios em oportunidades. Então, antes de buscar novas estratégias ou ferramentas, olhe para dentro. Avalie sua mentalidade, seus valores e suas crenças. Fortaleça sua mente, alinhe sua visão e inspire sua equipe. E lembre-se: a verdadeira transformação começa de dentro para fora.

RITUAL DO "VALENTÃO" NOS NEGÓCIOS

Como último exercício deste livro, vou propor que você faça uma dinâmica e a repita ao menos uma vez por semana. Separe alguns minutos para se conectar com sua mentalidade de campeão.

★ ★ ★

A MENTALIDADE É O MOTOR DA VIRADA. É ELA QUE TRANSFORMA PLANOS EM AÇÕES, IDEIAS EM RESULTADOS E DESAFIOS EM OPORTUNIDADES.

★ ★

À PROVA DE NOCAUTE
@EDU_GRIMALDI

Este deve ser o seu ritual semanal – um momento sagrado que reforça sua decisão de ser, a cada dia, um empresário acima da média. Ao adotar este ritual, você vai criar um hábito que não só fortalece sua mente, mas também inspira sua equipe a alinhar suas atitudes aos valores da sua marca.

Pergunte a si mesmo:

1. **Eu estou treinando ou improvisando?**
   Reflita se as suas ações diárias são fruto de uma preparação consistente ou apenas de reações imediatas.
2. **Estou repetindo hábitos que me fortalecem ou que me sabotam?**
   Observe suas rotinas. Identifique aquelas práticas que o impulsionam para a frente e aquelas que, silenciosamente, minam sua performance.
3. **Meu time conhece e vive os valores que guiam nossas decisões?**
   Verifique se a cultura da sua empresa já foi internalizada por todos. Lembre-se: o mesmo cuidado que você dedica à sua família – na qual os seus valores são claros – precisa ser levado para o seu negócio.
4. **O que vou fazer hoje que me coloca um passo acima da média?**
   Determine uma ação concreta que, por menor que seja, impulsione você para a frente, elevando o padrão do seu desempenho e o da sua equipe.

Anote suas respostas e, ao final do dia, revise cada item. Esse exercício é a sua "pré-luta", momento em que você se prepara mentalmente para encarar os desafios com disciplina e determinação. Transforme esse ritual em uma rotina, pois ele vai colocar você na zona de desconforto e fará sua mentalidade, bem como a sua marca, se destacarem no mercado.

9.

À PROVA DE NOCAUTE

Lembra dos três nocautes que eu sofri e compartilhei com você lá no início? As internações na UTI, o fundo do poço emocional e a rejeição do mercado? Aquilo tudo, na época, parecia para mim o fim da linha. Mas, como em qualquer luta que vale a pena, tais episódios da minha vida não foram o fim. Foram só mais rounds que enfrentei.

Se você está aqui, lendo este derradeiro capítulo, é porque decidiu não ser só plateia na sua própria história. Você aceitou lutar. Você encarou seus fantasmas empresariais, as armadilhas da mentalidade mediana, os erros que quase ninguém tem coragem de admitir, e continua de pé.

Este livro não é um troféu, não é mais um para sua conta de livros lidos no ano. Ele é um manual de guerra. Cada capítulo foi pensado para ser como um treino puxado de segunda-feira às 6 horas da manhã, que separa os amadores dos fortes. Eu não peguei leve, você percebeu! Não teve massagem no seu ego. Teve realidade, teve confronto, porque é assim no mundo dos negócios. Assim como no MMA, só sobrevive quem se prepara para a luta que acontece antes de o sino bater.

Você agora já sabe onde está pisando. Reconhece as fases da construção de uma marca, viu o que é preciso para sair da prisão invisível da fase "Eu" e caminhar rumo a um negócio que vale por si só, com alma e força próprias.

Mas o mais importante: você percebeu que não está sozinho. Mesmo nas lutas mais silenciosas, aquelas sem torcida, patrocínio ou holofote, você se deu conta de que tem como se levantar, ajustar a guarda e continuar lutando.

Agora, respire fundo. Olhe para tudo que você já viveu até aqui e entenda: o que está prestes a começar não é o encerramento da sua jornada. É o começo do seu round mais importante.

DA LUTA SOLITÁRIA AO LEGADO

Empreender, como você já entendeu, é uma luta em várias categorias. E este livro foi escrito para mostrar exatamente isto: que, no mundo dos negócios, você não vence por sorte ou talento. Vence porque evolui, porque sobe de estágio com intenção e consciência, e porque entende que o jogo vai mudando e é preciso ajustar a postura a cada round.

Vamos recapitular juntos essa jornada, pois quero que todos os pontos fiquem muito claros para você, mesmo quando este livro for fechado.

ESTÁGIO 1 – "EU"

É o começo de tudo. Aqui, a luta é entre você e o mundo. A marca ainda não existe de verdade, é o seu nome e o seu suor fazendo acontecer. É a fase em que você faz tudo e mais um pouco. Vende, entrega, posta, atende, paga e, talvez, até limpe a loja no fim do expediente. O cliente não conhece sua empresa, mas começou a confiar em você. E isso, apesar de parecer nobre, é uma grande armadilha. Afinal, quando você sai de cena, mesmo que por instantes, tudo para.

Esse é o estágio do lutador iniciante, que é cheio de garra porém sozinho, exposto e frágil. Se você ainda está nessa fase, já sabe que precisa tomar uma decisão logo: ou evolui ou o desgaste vai derrubá-lo alguma hora.

ESTÁGIO 2 – "EU-MARCA"

Aqui, as coisas começaram a mudar. A marca ganha uma identidade para além da sua pessoa. O cliente ainda lembra de você, mas passa a se lembrar também da marca e do que ela faz. E você não precisa estar em todas as conversas.

Agora, sua empresa começa a ser vista como uma promessa forte. Assim como no esporte, a torcida aumenta, mas as exigências também. Você ainda apanha muito, mas agora tem gente ao redor. E isso exige estrutura. O perigo dessa fase é continuar centralizando tudo – se agir assim, vai colapsar. Mas se tiver coragem de delegar com confiança e de buscar ajuda, vai crescer.

ASSIM COMO NO MMA,
SÓ SOBREVIVE QUEM
SE PREPARA PARA A LUTA
QUE ACONTECE ANTES
DE O SINO BATER.

À PROVA DE NOCAUTE
@EDU_GRIMALDI

ESTÁGIO 3 – "MARCA-EU"

Esse é o ponto em que você deixa de ser o protagonista da luta. A marca que você criou ou de que está à frente começa a lutar por você. As pessoas até compram sem saber seu nome! Elas escolhem sua marca porque confiam no que ela representa, e não porque conhecem sua história pessoal.

Aqui, você se torna o técnico, o estrategista fora do ringue. Esse é o ponto em que você começa a pensar em expansão, licenciamento e escala. Entende que o seu ego precisa dar espaço para a estrutura e já vê a sua marca começar a ser desejada e procurada espontaneamente por gente que nunca viu você.

ESTÁGIO 4 – "MARCA"

Agora, você chegou ao cinturão máximo. A marca anda sozinha, tem valor de mercado, tem reputação consolidada e gera *equity*. Você não precisa estar presente para que ela funcione, encante e venda sempre. Ela tem uma tribo, virou símbolo, tornou-se parte da vida das pessoas.

Mas atenção: lembre-se de que aqui mora o maior desafio. Quando você vira para-brisa de ônibus, a pedrada vem! Tudo o que você faz agora é observado, comentado e analisado por gente que você nem sabe quem é. A excelência se torna obrigação de todo dia, e a cultura da marca precisa estar viva em cada detalhe, do atendimento à embalagem, do post na rede social à experiência do cliente.

Só que há uma coisa que pouca gente conta: dá para chegar lá. Você não precisa ser um gigante multinacional. Precisa ser intencional, disciplinado e fiel à sua essência o tempo todo.

★ ★ ★

O caminho foi mapeado, os rounds são esses todos que eu elenquei. E agora, meu amigo, a decisão é somente sua: em que estágio você vai parar? Essa talvez seja a pergunta mais valiosa de todas.

Se existe uma coisa que eu aprendi no tatame e nos negócios, é que a maioria desiste antes do fim. Na verdade, a pessoa decreta o fim quando deveria estar apenas começando. No início, é só empolgação, só que ela para no primeiro tropeço, na primeira pancada, na primeira dúvida, e logo desiste.

Mas você não. Você chegou até aqui. Isso já diz muito sobre quem você é.

Eu sei que você está disposto a ir além da média e ser à prova de nocaute. Você não quer só sobreviver, quer vencer. Você sabe que existe uma versão sua mais estratégica, mais forte, mais consciente e está disposto a encontrá-la.

Só de ter lido este livro até o fim, você já se colocou à frente da maioria dos empresários brasileiros. Agora, você conhece o mapa da luta, sabe quais são os adversários, mesmo os invisíveis. Já viu como cada estágio exige uma nova postura e entendeu que marca não é detalhe, é um escudo poderosíssimo. Sabe também que branding não é vaidade, é questão de sobrevivência. E que mentalidade forte não é um papo motivacional, é uma técnica para alcançar a vitória.

Você foi provocado, confrontado e, talvez, até tenha levado uns socos duros enquanto lia. Eu sei! Você começou a enxergar que estava preso em armadilhas que nem imaginava. Mas você não fugiu, continuou. E isso, meu amigo, coloca você em uma categoria especial: a dos que têm coragem de olhar no espelho, encarar os próprios erros e seguir em frente mais forte.

Então receba aqui, de onde estou escrevendo, o meu mais profundo respeito. Quem chega ao último round, com a cabeça erguida, merece as honras de um campeão. E não precisa ter vencido todas as lutas, basta ter aprendido em cada uma delas para vencer a próxima.

Você não é mais o mesmo que começou este livro. Você já é, de verdade, um empresário muito acima da média.

CONVOCAÇÃO PARA O FUTURO

Agora que você está com o corpo aquecido, a mente preparada e o plano em mãos, vou dizer uma coisa que talvez o surpreenda: o verdadeiro round começa agora. Este livro termina aqui, mas a sua luta está só começando.

Tudo o que você leu até aqui foi treino. Agora é hora de calçar a luva, ajeitar o protetor bucal e entrar na arena da vida real, onde as decisões doem mais na mente do que no corpo, o cansaço cobra, e os resultados não aparecem logo de cara.

Você já sabe o que precisa ser feito:

- Se está no estágio "Eu", precisa construir uma marca.
- Se está no "Eu-Marca", precisa aprender a estruturar e delegar.
- Se chegou ao "Marca-Eu", precisa escalar com estratégia.
- Se já vive o estágio "Marca", precisa proteger com disciplina, cultura e constância.

E, em qualquer um desses estágios, a sua missão é uma só: não dar passo para trás e voltar para o estágio anterior.

Não aceite mais viver apagando incêndio, não seja um funcionário da sua própria empresa, não construa um negócio que só fatura, mas não se valoriza. E, por fim, não aceite mais ficar invisível enquanto os concorrentes ganham o jogo. Não adianta mais adiar, terceirizar, esperar o "momento certo". O mercado não vai esperar.

Se você quiser ser lembrado, desejado e respeitado, precisa lutar com intenção. E agir com verdade, o tempo todo. Por isso, antes de voltar à sua rotina, quero convidá-lo a fazer algo simbólico, porém muito poderoso.

O JURAMENTO DO EMPRESÁRIO-LUTADOR

Todo lutador, antes de entrar no ringue, tem o seu ritual. Uns tocam o chão, outros beijam o protetor bucal, fazem o sinal da cruz, murmuram uma oração, repetem a mesma música. É o jeito de cada um lembrar a si mesmo por que está ali, de onde veio e até onde está disposto a ir.

Agora é a sua vez de criar esse ritual.

Só que, neste caso, será em forma de um juramento. Eu proponho que você faça esse juramento não por vaidade, mas por respeito à sua jornada e por tudo que ainda está por vir.

★ ★ ★

SE VOCÊ QUISER
SER LEMBRADO, DESEJADO
E RESPEITADO, PRECISA
LUTAR COM INTENÇÃO.
E AGIR COM VERDADE,
O TEMPO TODO.

★ ★

À PROVA DE NOCAUTE
@EDU_GRIMALDI

O JURAMENTO DO EMPRESÁRIO-LUTADOR

A partir de hoje, eu assumo o compromisso de:
Lutar com estratégia, não só com força.
Pensar como marca, mesmo quando parecer que estou sozinho.
Proteger meu tempo, minha cultura e minha visão.
Fazer do meu negócio um ativo que vale mais a cada dia.
Ser líder com clareza, coragem e coerência.
Manter a excelência mesmo na escala.
Cuidar da minha saúde, da minha mente e da minha família, porque, sem isso, nenhuma marca vale a pena.
E nunca mais aceitar ser mediano.
Eu não sou mais só um empresário.
Sou o criador de uma marca com alma.
Sou o responsável por um legado.
Acima de tudo, sou um lutador.
E vou até o fim.

[*Assine com o seu nome*]

Pronto. Agora leia em voz alta se puder. Volte a esse juramento sempre que o cansaço bater ou a dúvida quiser paralisá-lo.

UM ÚLTIMO RECADO

No tatame da vida, a maioria recua quando a dor aperta. A maioria desiste quando o golpe pega em cheio. A maioria para quando escuta que "não vai dar".

Mas você não é a maioria!

Você é parte de uma linhagem diferente: a dos que sabem que **aquilo que para alguns é o fim, para nós é apenas o começo**.

Essa frase, que ecoa nos bastidores das lutas mais difíceis, não é só uma metáfora. É um estilo de vida. Fala da decisão de seguir, mesmo com o rosto marcado e a alma cansada, porque você sabe que todo fim é só o começo de uma nova etapa.

Cada vez que o mercado derrubou você, não era o fim. Também não era o fim as vezes em que você duvidou de si. Menos ainda cada boleto vencido, cada cliente perdido, cada plano que não saiu como o esperado. Tudo isso representou o seu chamado para subir de nível, para ajustar a estratégia e evoluir.

Agora que você passou por essa jornada, entenda: o sucesso não é reservado aos que nunca caem, mas aos que sempre levantam melhor. A base do sucesso não é nunca errar, e sim aprender rápido, corrigir o percurso e continuar lutando com inteligência.

Esse é o verdadeiro segredo de quem constrói uma marca acima da média. Não é sorte. Não é dom. É **decisão + ação**.

Então, tome a sua decisão agora. Não deixe este livro morrer na estante. Volte aos exercícios. Releia os estágios. Use cada capítulo como parte do seu plano de treino.

Seja aquele que, quando o mercado apertar, responde com estratégia. Quando o cansaço bater, sorria e diga: "Agora é que está começando a luta". Disciplina e resiliência são as suas armas.

E com isso, meu amigo, você estará cada vez mais perto de se tornar **um empresário à prova de nocaute**.

Este livro foi impresso
pela Edições Loyola em
papel pólen bold 70 g/m²
em setembro de 2025.